UM PEDAÇO DE
TECIDO

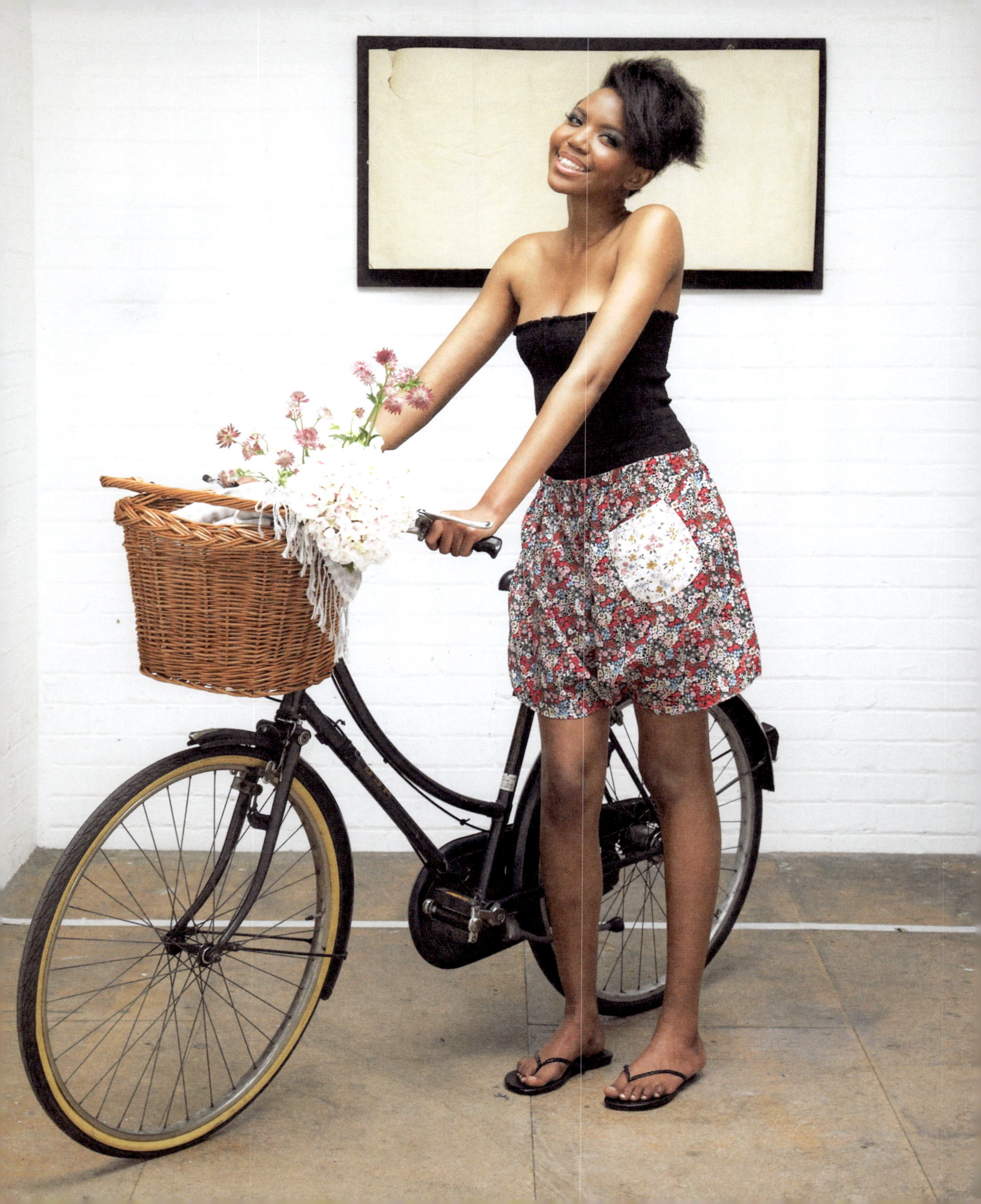

LENA SANTANA

UM PEDAÇO DE
TECIDO

15 PROJETOS PARA
VOCÊ MESMO FAZER

Cobogó

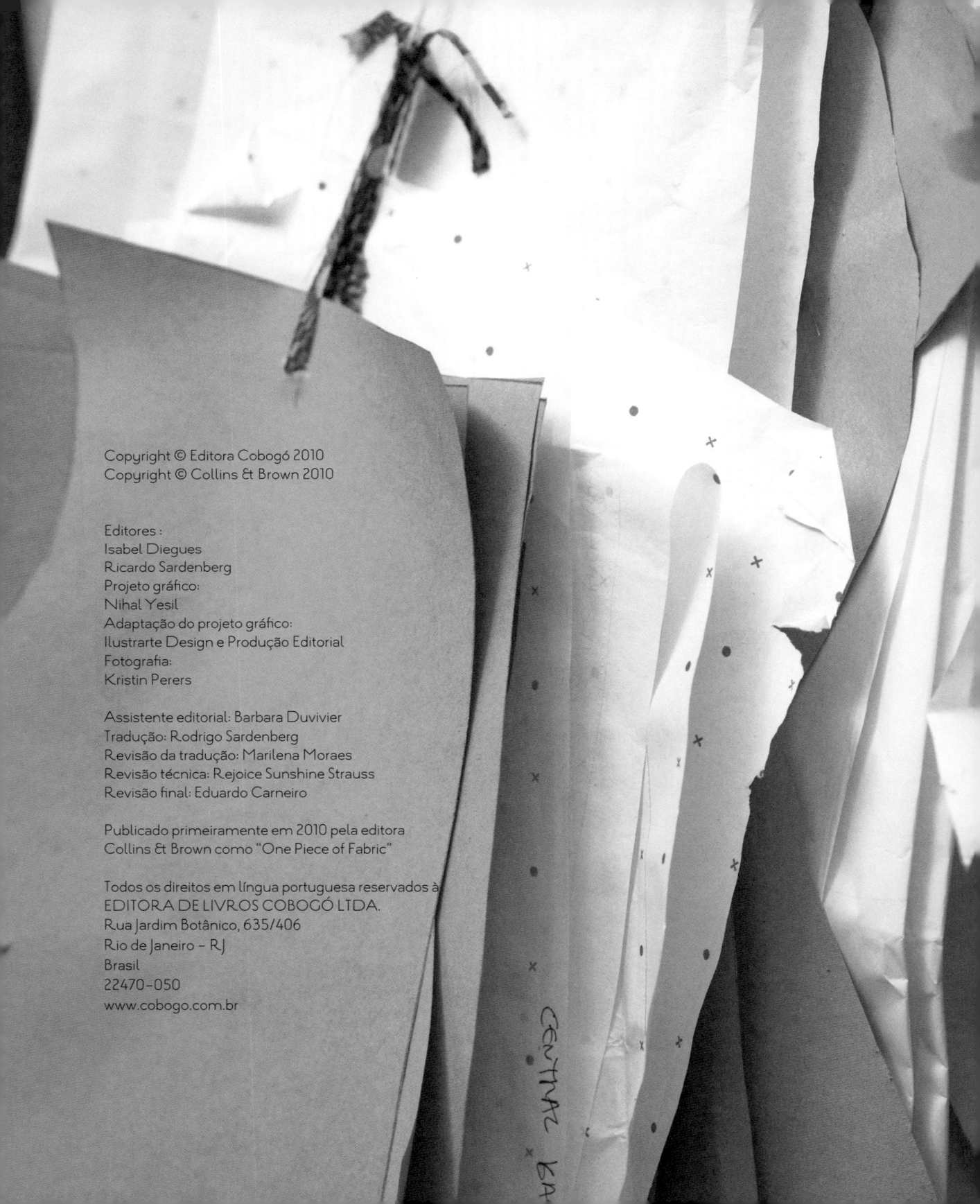

Copyright © Editora Cobogó 2010
Copyright © Collins & Brown 2010

Editores :
Isabel Diegues
Ricardo Sardenberg
Projeto gráfico:
Nihal Yesil
Adaptação do projeto gráfico:
Ilustrarte Design e Produção Editorial
Fotografia:
Kristin Perers

Assistente editorial: Barbara Duvivier
Tradução: Rodrigo Sardenberg
Revisão da tradução: Marilena Moraes
Revisão técnica: Rejoice Sunshine Strauss
Revisão final: Eduardo Carneiro

Publicado primeiramente em 2010 pela editora
Collins & Brown como "One Piece of Fabric"

Todos os direitos em língua portuguesa reservados à
EDITORA DE LIVROS COBOGÓ LTDA.
Rua Jardim Botânico, 635/406
Rio de Janeiro – RJ
Brasil
22470-050
www.cobogo.com.br

Sumário

Introdução	6	Biquíni tomara que caia	44
Sobre tecidos	8	Vestido tomara que caia	48
Saia com aba abotoada	10	Bolsa a tiracolo	52
Bolsa estilosa	14	Cinto com flor de fuxico	56
Gola com babados	18	Blusinha franzida	60
Blusa com laço de renda	22	Saia de seda	64
Biquíni triangular	26	Paninho de mesa de festa	68
Saia-calça charmosa	32	Técnicas	72
Gola de princesa	36	Moldes	79
Vestido de verão	40	Agradecimentos	96

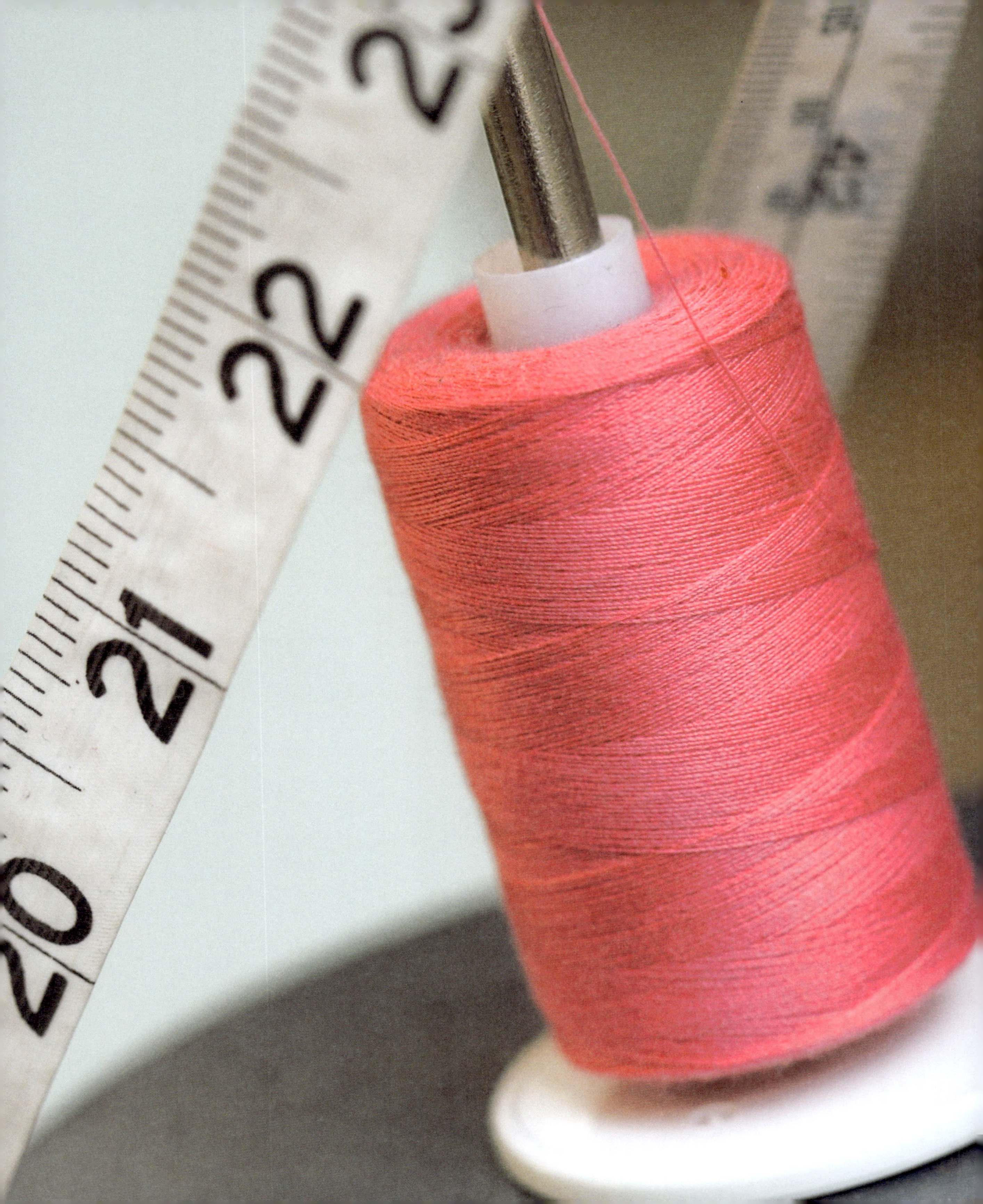
22
21
20

Introdução

A coleção que criei para a conclusão do curso da faculdade de moda, no Surrey Institute of Art and Design, em Londres, em 2002, foi inspirada numa exposição de vidros soprados de Dale Chihuly, no Victoria and Albert Museum, em que as peças de vidro eram dispostas em diversas camadas, como uma grande instalação. Queria ser capaz de reproduzir esse efeito de camadas no meu próprio trabalho, e a melhor forma de chegar a esse resultado seria utilizando vários tipos de tecidos em cada peça. Trabalhar dessa maneira me deu mais liberdade para experimentar. Eu adorava os tecidos de algodão e, durante minhas pesquisas nas lojas de tecidos, sempre sentia como se estivesse em lojas de doces — eu queria todos! Quando entro numa loja para comprar tecidos, hoje em dia, ainda me sinto como da primeira vez. Posso ficar várias horas pesquisando e nem perceber o tempo passar.

Minha fascinação pelas técnicas que estão por trás da estrutura das roupas começou quando eu trabalhava como figurinista de cinema e publicidade. Meu processo criativo se inicia com o *moulage*, uma experiência lúdica que envolve esculpir um tecido num manequim até alcançar a forma e o modelo desejado. Assim, preciso ter todos os tecidos e materiais à minha volta para começar a trabalhar. Gradualmente, cristalizo tudo isso num esboço. Acredito que para uma peça de roupa ser bonita e única, ela deve abranger diversas coisas — simplicidade, cor, feminilidade, uma silhueta forte e um bom acabamento.

Este livro é sobre fazer roupas belas e práticas, incomuns e exclusivas — peças de qualidade que chamem a atenção e que ainda sejam bonitas daqui a dez anos. Além disso, as técnicas e habilidades que você vai aprender poderão ser repassadas para seus filhos e filhas, netos e netas. Aproveite e divirta-se fazendo os projetos.

Lena Santana

Sobre Tecidos

O segredo de produzir uma roupa durável e fácil de usar está diretamente ligado ao tecido escolhido para fazê-la. Cada tecido atribui à roupa um caimento e uma forma diferentes, e é fundamental saber quais os tecidos mais adequados para o tipo de roupa que você pretende fazer. Escolher um tecido pode ser difícil se você não souber o que está procurando; então, gaste um tempo explorando as lojas e não tenha vergonha de fazer perguntas. Não tenha pressa para aprender e apreciar as qualidades dos diferentes tecidos. Rapidamente você se encantará com as incríveis estampas, cores e texturas que irá encontrar. Os tecidos vêm em diferentes larguras, geralmente as mais fáceis de encontrar são 0,90 m, 1,40 m e 1,50 m. Para um bom drapeado e um bom caimento das peças, é necessário cortar o tecido no fio certo. Para encontrar o fio do tecido, dobre-o sempre no comprimento e não na largura. Todo tecido tem um lado direito e um lado avesso.

Adoro utilizar tecidos feitos a partir de fibras naturais, como o algodão, o linho e a seda, e a maioria dos projetos neste livro é feita com esses tecidos. Os tecidos podem ser encontrados em muitos lugares: lojas de tecidos, especialistas em retalhos, armarinhos e varejistas *online*. Também me identifico muito com tecidos reciclados e, para projetos que incluam pequenas peças, como um bolso ou um acabamento, você poderá reutilizar sobras ou retalhos de tecidos, blusas e vestidos antigos. Uma dica é que nunca se desfaçam dos retalhos, eles podem, em algum momento, ser extremamente úteis.

Algodão
Fibra natural. O algodão é uma fibra resistente, fresca, leve e absorvente. O algodão puro pode ser transformado numa grande variedade de tecidos de pesos e acabamentos diferentes. O voile de algodão é um tecido macio, leve e transparente, mais utilizado na confecção de blusas e vestidos. A cambraia é um tecido muito fino, macio e leve. O cetim de algodão tem um brilho no lado direito. O algodão também pode ser misturado com outras fibras como, por exemplo, a seda, o linho de seda, além de outras.

Seda
Fibra natural. Tecidos de seda variam do leve georgette (que é transparente) aos mais pesados, como a seda dupião (também conhecida como dupioni). O cetim de seda é macio, tem um brilho acetinado e seu drapeamento é excelente. A seda crepe tem textura na superfície, bom drapeamento e é ideal para vestidos e blusas. A seda é um tecido caro; muitos tipos só podem ser lavados a seco, mas outros podem ser lavados a mão em água fria, com um sabão para roupas delicadas. As roupas de seda não devem ser torcidas, mas deve-se tirar o excesso de água, apertando a roupa delicadamente, depois devem ser secas à sombra, num cabide.

Linho
Fibra natural. O linho é muito resistente, fresco e absorvente. No entanto, ele amassa com facilidade. É feito em diversos pesos, de tecidos finos, leves e suaves a tramas pesadas e texturizadas.

Lã
Fibra natural. Esses tecidos têm diversos acabamentos, espessuras e texturas, de um voile com aparência de gaze a espessuras específicas para a confecção de ternos e casacos. Geralmente pensamos na lã para nos

aquecer no inverno, mas um tecido fino de lã é fresco e pode ser usado no calor. As lãs podem ser lavadas a seco ou limpas com um sabão especial suave em baixa temperatura.

Poliéster
Fibra sintética. O tecido de poliéster é muito resistente e não amassa, mas pode criar bolinhas e desenvolver eletricidade estática quando está gasto, tornando-se aderente. Os fabricantes podem plissá-lo, em altas temperaturas, permanentemente. Costuma ser misturado com outras fibras, como algodão e lã.

Náilon
Fibra sintética. Também conhecida como poliamida. É leve, resistente e durável, além de não encolher. Costuma ser misturado com outras fibras, como a lã e a viscose. Os tecidos de náilon são utilizados para roupas, móveis e outros produtos têxteis.

Viscose
Fibra sintética. É criada a partir de celulose de madeira ou sobras de algodão. Em geral, não é cara, nem muito resistente. Faz parte da trama de diversos tecidos e também pode ser misturada com algodão, lã ou acrílico.

Equipamentos
É necessário apenas uma pequena seleção de equipamentos básicos para fazer os projetos deste livro. O maior investimento é a máquina de costura, mas pense em quanto prazer ela vai lhe proporcionar no futuro. Compre a melhor máquina dentro do seu orçamento e ela certamente lhe será útil.

Para um bom acabamento, será preciso regular sua máquina com o intuito de escolher a tensão adequada da costura para cada tecido. Isto determinará o espaço entre os pontos em que a agulha trabalhará no tecido.

Os moldes deste livro são reproduzidos em escala reduzida e será necessário aumentá-los para a execução dos projetos. Para isso, você precisará de papel quadriculado, régua, lápis e tesoura. Vá para a página 80 para mais instruções sobre moldes.

Sua caixa de costura deverá incluir uma fita métrica, tesouras para tecidos, alfinetes, alfinetes de segurança, agulhas, compasso, régua de alfaiate, giz de alfaiate ou marcador de tecido apagável e um desmanchador de costura (ou caseador), que será usado quando sua costura não estiver no caminho certo e for preciso desfazê-la.

Armarinho
Comece a colecionar enfeites — como fitas, rendas, botões variados e apliques de tecido — que sejam inspiradores. Dessa forma, você poderá desenvolver uma coleção de objetos maravilhosa para outros projetos. Além disso, fique de olhos abertos para todo tipo de materiais incomuns.

Todo projeto requer linha de costura: compre cores para combinar ou contrastar com os tecidos, dependendo do efeito que você deseja alcançar.

Muitos projetos utilizam o elástico como uma forma prática e conveniente de moldar o tecido, além de ser confortável de vestir. Ele existe em diferentes larguras, espessuras e tamanhos. O lastex é utilizado para franzir (veja a página 76).

A fita de viés é uma tira estreita de tecido cortada obliquamente a partir de um tecido escolhido. Você poderá fazê-la ou comprá-la pronta. É usada para dar acabamento a uma costura e pode ser encontrada em algodão, seda ou cetim, em diferentes larguras. Alguns dos projetos utilizam a fita de viés numa cor que contraste com a do tecido — na borda de uma cintura ou de um decote, ou no arremate à volta de um bolso. Também é utilizada em costuras no interior da peça para dar um acabamento limpo e firme, e para que o tecido não desfie.

Fazendo os projetos
No começo de cada projeto há uma lista com as técnicas que deverão ser utilizadas e com as páginas que as descrevem. Os moldes para os projetos estão entre as páginas 79 e 95.

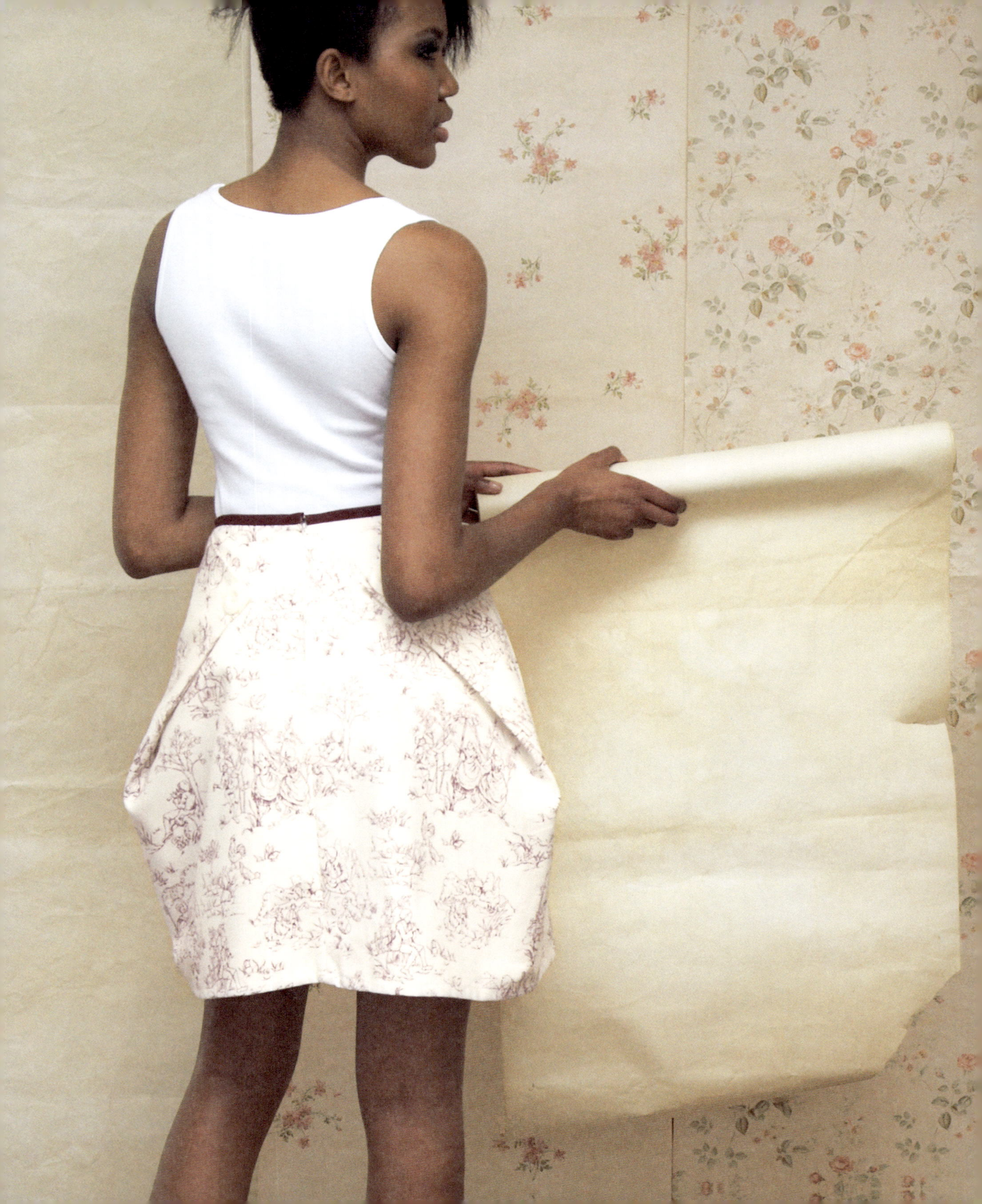

Saia com Aba Abotoada

Ao desenhar os projetos para este livro, quis criar uma coleção de roupas práticas e confortáveis de usar, e que fossem ao mesmo tempo femininas. Essa saia foi o primeiro projeto que fiz. De frente, ela é apenas uma pequena saia evasê, mas as abas triangulares abotoadas na parte de trás criam um elemento surpresa. A saia veste bem e é fácil de usar. O comprimento final é de 52 cm. Se quiser uma saia mais comprida ou mais curta, altere o comprimento na barra.

Instruções

DO QUE VOCÊ PRECISA

Tecido — algodão grosso, por exemplo, material de cortina: 1,75 m x 1,12 m
Linha que combine
Fita de viés: 1 m x 25 mm (cintura)
Fita de viés de cetim: 1,50 m x 16 mm (costura)
Zíper invisível: 0,20 m
Botões: 2 x 3 cm de diâmetro
Colchete

Máquina de costura e calcador para zíper invisível
Tesoura

Agulha e alfinetes
Fita métrica / régua
Giz de alfaiate / marcador de tecido

TÉCNICAS

Colocar zíper invisível: veja página 77
Bainha: veja página 76
Aplicar fita de viés: veja página 73
Pesponto: veja página 75
Ponto invisível: veja página 74
Aplicar colchete: veja página 78

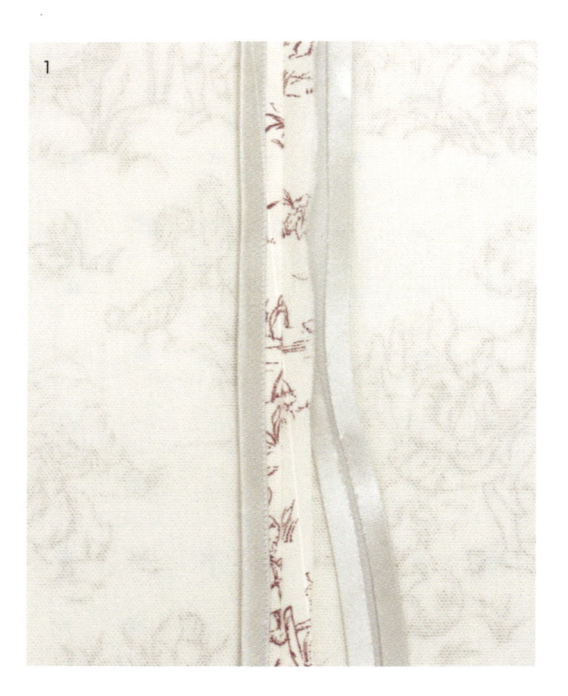

1

Recorte o tecido de acordo com o molde da página 81. Feche a saia com uma costura francesa, juntando as bordas laterais e deixando o espaço para o zíper. Coloque o zíper invisível. Faça o acabamento da costura com um viés de cetim.

2

Faça as duas abas triangulares que serão dobradas na parte traseira da saia, presas cada uma com um botão. Para isso, posicione o tecido com os lados direitos juntos, una os pontos A e B, marcados na lateral da cintura. Alfinete, alinhave e depois faça uma costura de 1 cm ao longo da parte superior de uma das abas. Apare o canto, em diagonal, cortando a sobra do tecido onde A e B se encontram. Repita a operação para a outra aba.

3

Para o acabamento da cintura, prenda o viés utilizando o Método 1 e posicione a dobra do viés no avesso do tecido, a uma distância de 4 mm da borda sem acabamento do cós da saia. Alfinete, alinhave e pesponte. Dobre o viés sobre o lado direito da saia, para a segunda costura. Alfinete, alinhave e pesponte.

4

Alfinete as abas na parte de trás da saia. Costure um botão no canto de cada aba, prendendo a aba à saia. O botão também pode ser colocado no final, depois de a saia estar totalmente pronta.

Para fazer a bainha, dobre uma barra de 12 mm, passe-a a ferro e depois dobre-a mais uma vez. Alfinete, alinhave e costure a máquina. Aplique o colchete no viés do cós na parte traseira.

DICA

Você pode fazer um fecho alternativo costurando um botão numa borda e fazendo uma casa de linha na outra borda. Veja como fazer na página 78.

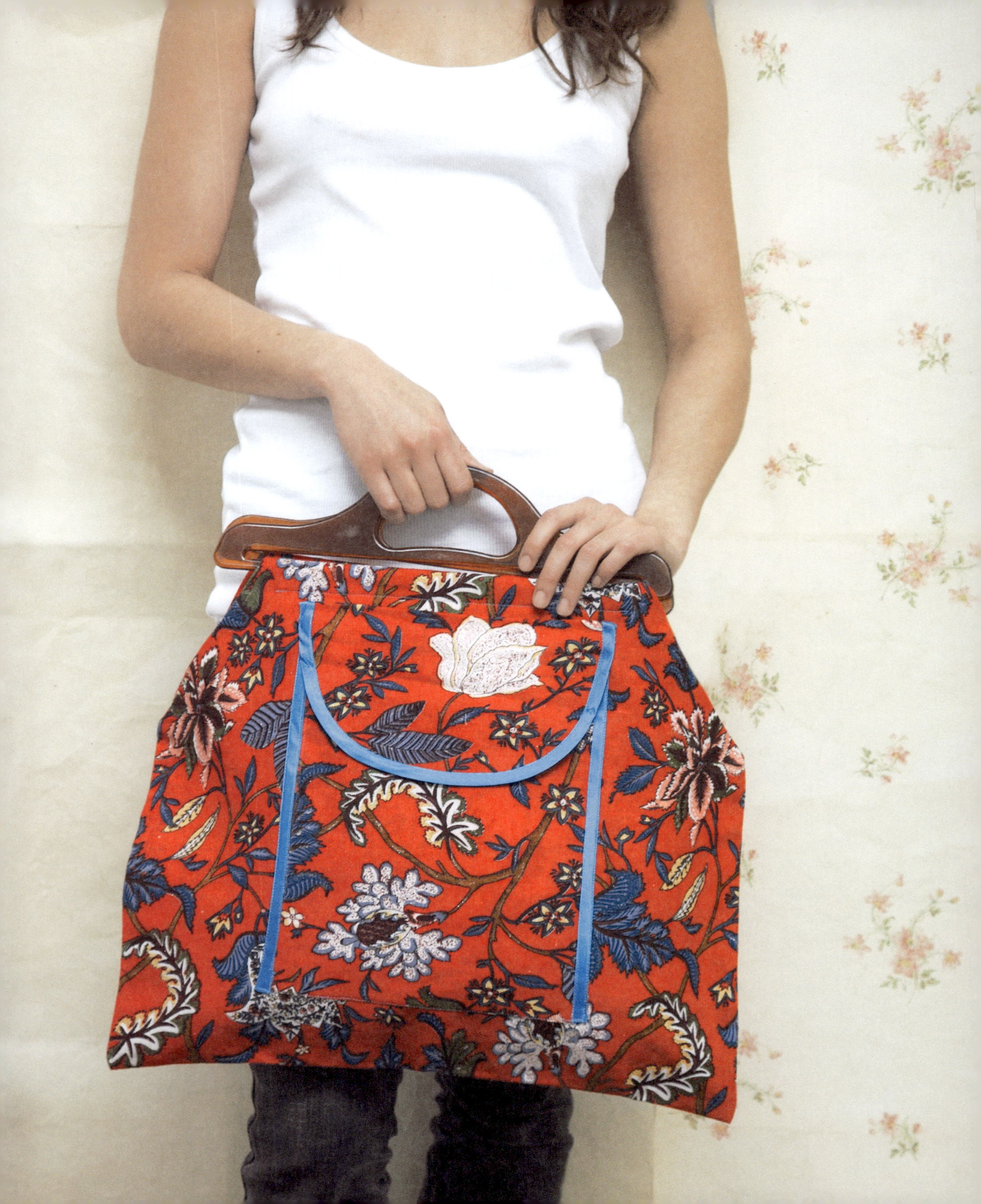

Bolsa Estilosa

O dilema diário: será que hoje eu preciso de uma bolsa grande ou pequena? Essa tem o tamanho exato — não parece imensa, mas é surpreendentemente espaçosa. Suas alças resistentes e seu tecido pesado permitem que você a deixe lotada sem o perigo de rasgar. E o bolso externo é prático para coisas pequenas. Se você pesquisar nas lojas de tecidos — inclusive em lojas especializadas em estofados —, certamente encontrará uma quantidade imensa de estampas tentadoras; então, por que não fazer um conjunto de bolsas para serem usadas como acessórios de casacos e jaquetas?

Instruções

DO QUE VOCÊ PRECISA

Tecido — algodão ou linho pesado: 0,50 m x 1,10 m
Linha que combine
Fita de viés de cetim: 1,50 m x 16 mm
Alças para bolsa: 1 par com cerca de 27,5 cm com encaixe para tecido

Máquina de costura
Tesoura
Agulha e alfinetes

Fita métrica / régua
Giz de alfaiate / marcador de tecido

TÉCNICAS

Aplicar fita de viés: veja página 73
Pesponto: veja página 75
Ponto invisível: veja página 74

1

1

Recorte o tecido de acordo com o molde da página 82. Dobre o tecido da aba do bolso no meio com os lados avessos juntos. Alfinete e alinhave todo o entorno. Aplique o viés na borda arredondada. Dobre as duas pontas da fita para dentro, para arrematar.

Dobre o tecido do bolso com os lados avessos juntos. Alfinete e alinhave. A parte aberta do tecido ficará para baixo. Aplique a fita de viés nas bordas laterais, dobrando as pontas da fita para dentro para arrematar. Dobrando o tecido também para dentro, costure a parte de baixo do bolso com um ponto invisível.

2

Para prender a aba no bolso, ela deve ser posicionada sobre ele. A borda reta da aba deve ficar 16 mm abaixo da parte superior do bolso. Alfinete a aba nas duas laterais do bolso e alinhave, depois costure a máquina na junção das duas bordas. (Você também pode fazer o ponto costurando a mão ao longo desta junção, que estará dentro do bolso.) Dobre a aba sobre o bolso e passe a ferro. Alfinete o bolso na posição adequada, de acordo com o molde, do lado direito do tecido, na parte da frente da bolsa. Alinhave e costure a máquina perto da borda ao longo dos dois lados e da parte de baixo do bolso.

3

Para fazer a bolsa, com os lados direitos juntos, dobre a peça de tecido ao meio, de acordo com o molde. Alfinete, alinhave e costure os lados, com costuras de 16 mm. Apare a costura. Vire o lado direito para fora e passe a ferro. Repita o mesmo com o tecido do forro, e depois vire-o do avesso.

4

Ponha a bolsa dentro do forro de forma que os lados direitos fiquem juntos e que as bordas superiores sem acabamentos estejam alinhadas. Nas bordas superiores, alfinete, alinhave e costure a máquina o forro na bolsa com uma costura de 16 mm. Mas deixe uma abertura, sem costura, em uma das bordas superiores, para depois virar a bolsa para o lado certo. Reforce a costura anterior, nas laterais em V. Corte a folga aparando a costura. Vire o lado direito da bolsa para fora através da abertura deixada e passe a bolsa a ferro. Vire para dentro a folga da costura de 16 mm sobre a borda aberta, alfinete e alinhave.

5

Passe a parte superior de cada lado da bolsa pela abertura da alça, dobrando-a para o interior da bolsa. Alfinete e alinhave na posição adequada. Costure a máquina perto da borda.

BOLSA ESTILOSA

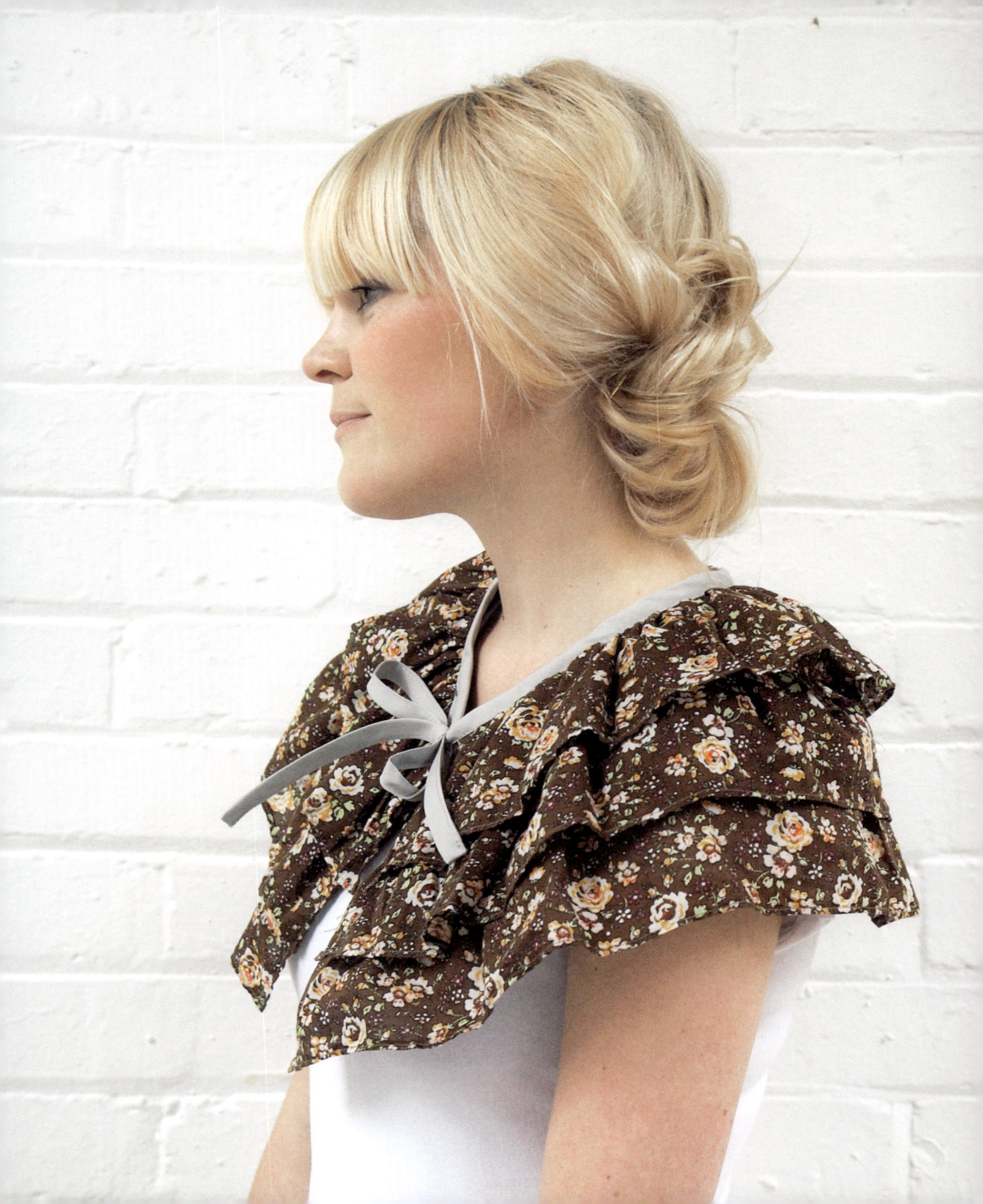

Gola com Babados

Essa gola com babados é versátil e muito divertida de usar: amarre-a sobre uma camiseta sem gola ou com decote em V, ou utilize-a para adicionar um floreado a um vestido de noite tomara que caia. É extremamente simples de fazer — apenas três tiras de tecido franzidas unidas no decote —, mas o efeito é espetacular. Você pode fazê-la em mais ou menos uma hora num sábado de manhã, depois sair se exibindo para impressionar seus amigos. Aguarde os elogios.

Instruções

DO QUE VOCÊ PRECISA

Tecido — algodão macio e leve, por exemplo, cambraia ou voile: 1,50 m x 1,12 m
Linha que combine
Fita de viés: 1,50 m x 25 mm

Máquina de costura
Tesoura
Agulha e alfinetes
Fita métrica / régua
Giz de alfaiate / marcador de tecido

TÉCNICAS

Franzir tecido: veja página 76
Bainha: veja página 76
Aplicar fita de viés: veja página 73
Pesponto: veja página 75
Ponto invisível: veja página 74

2

3

1

De acordo com o molde da página 83, corte três tiras de tecido para as partes superior, intermediária e inferior da gola.

2

Dê acabamento na borda inferior e nas laterais de cada uma das três tiras, com uma bainha simples e estreita.

3

Franza a parte superior de cada tira até que cada uma delas tenha 56 cm. Prenda as linhas para não desfranzir o tecido, dando nós nas extremidades. Sobreponha as tiras, com as bordas em paralelo, com o lado direito para cima: a tira mais larga embaixo; a intermediária no meio; e a tira mais estreita por cima. Alinhave as três peças juntas ao longo das bordas superiores.

4

Corte uma única fita de viés que irá unir as duas extremidades da gola e formar um laço. Aqui, utilizei uma peça de 1,25 m de comprimento, mas se você preferir um laço maior, escolha uma peça mais longa. Aplique a fita na borda do decote utilizando o Método 1, deixando sobrar pontas iguais para o laço, mas alinhave em vez de pespontar.

Para o acabamento das fitas do laço, prenda com alfinete as pontas abertas, virando-as para dentro. Alinhave. Agora pesponte toda a extensão da fita de viés. Faça ponto invisível nas pontas.

GOLA COM BABADOS 21

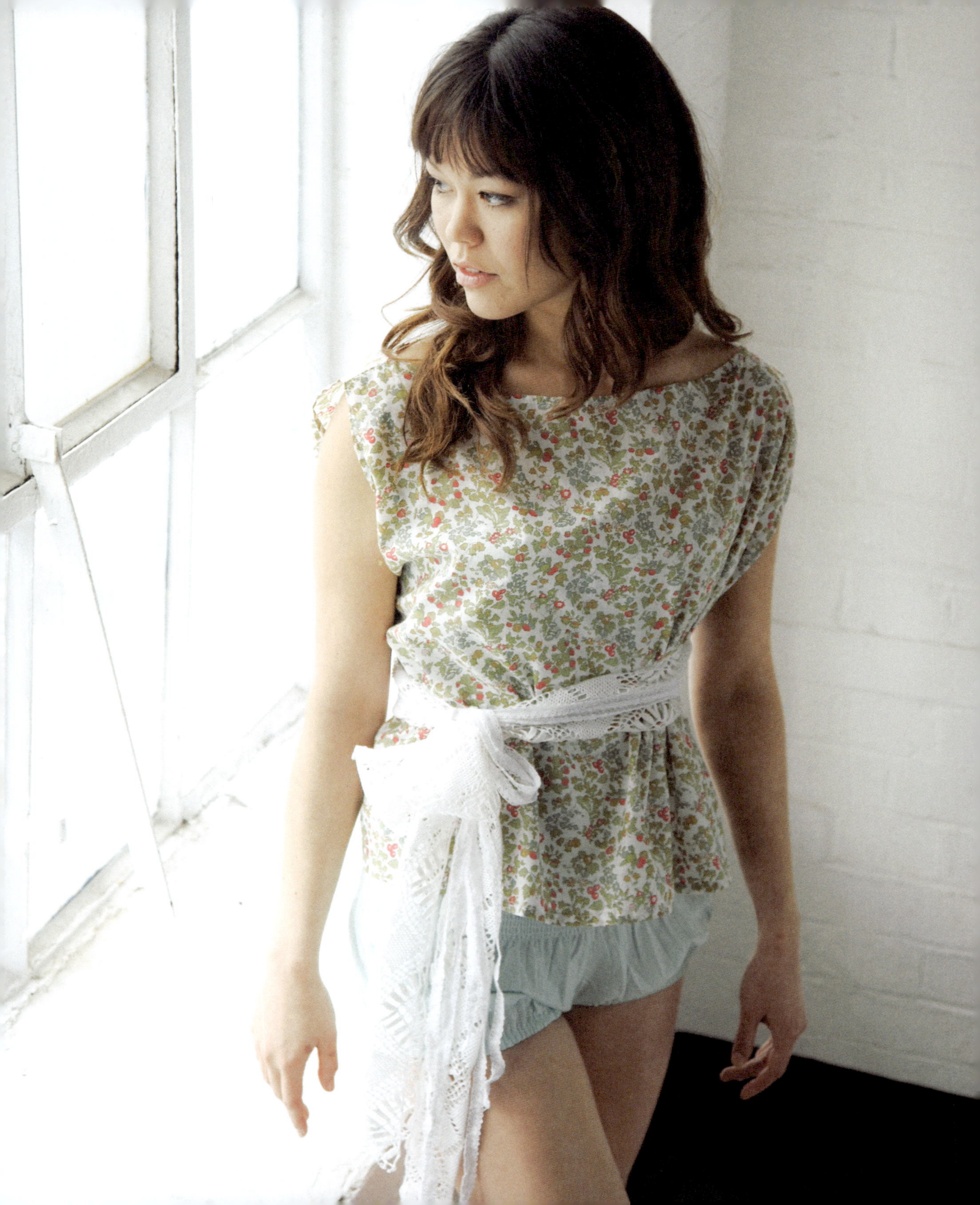

Blusa com Laço de Renda

Adoro desenhar peças extremamente simples para serem usadas a qualquer momento, e essa delicada blusa florida de verão foi inspirada nas roupas folgadas japonesas. Ela tem a forma perfeita para manter o corpo fresco nos dias mais quentes e é facílima de fazer. Tem o decote canoa e um belo laço de renda na cintura — utilize uma única peça de renda ou várias, com larguras diferentes.

Instruções

DO QUE VOCÊ PRECISA

Tecido — algodão leve, por exemplo, cambraia, voile: 1,25 m x 1,12 m
Linha que combine
Faixa de renda: 2,25 m x 9–10 cm
Faixa extra: 6,50 m x 1 cm

Máquina de costura
Tesoura
Agulhas e alfinetes
Fita métrica / régua
Giz de alfaiate / marcador de tecido

TÉCNICAS

Costura francesa: veja página 73
Bainha: veja página 76
Aplicar fita de viés: veja página 73
Pesponto: veja página 75
Acabamento para curvas: veja página 73
Ponto invisível: veja página 74
Costura rebatida: veja página 74

1

Corte duas peças de tecido, uma para a parte da frente e outra para a de trás da blusa, de acordo com o molde da página 84. Costure uma na outra, com os lados direitos juntos, unindo ombro com ombro e lateral com lateral, usando uma costura francesa.

2

Dê acabamento nas curvas das bordas do decote e da cava com uma bainha estreita de aproximadamente 6 mm. Alfinete e alinhave, depois costure a máquina.

3

Faça a bainha na parte inferior da blusa dobrando 1 cm para dentro, depois dobrando mais uma vez. Alfinete e alinhave, depois costure a bainha a máquina.

4

Posicione o meio da peça de renda sobre a costura de uma das laterais da blusa, no lado direito do tecido. Alfinete, alinhave e costure, a máquina, a renda na blusa.

Se quiser acrescentar a renda estreita, corte-a em três peças iguais e coloque o centro de cada uma delas sobre a costura feita na renda larga. Costure. Faça acabamento nas pontas dos laços de renda, se quiser. Para uma renda de algodão, apenas dobre a ponta e faça uma costura rebatida. Para uma renda sintética, aplique a fita de viés na ponta, dobre e faça a bainha.

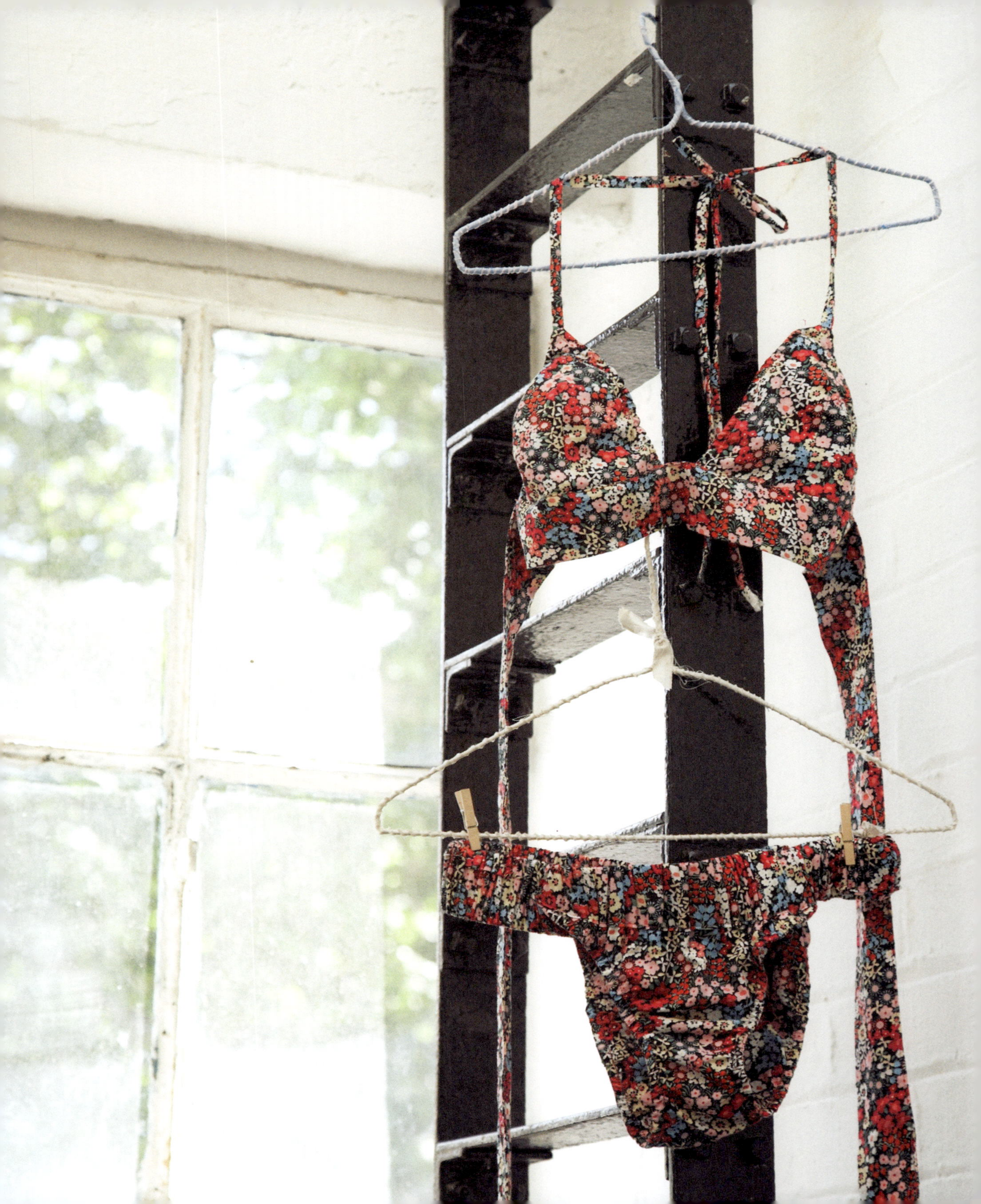

Biquíni Triangular

Se você estiver sonhando com praias de areia branquinha e mares tropicais de um azul cristalino, imagine-se desfilando nesse incrível biquíni e fingindo que não percebe os olhares de admiração. Prepare-se agora para essas férias — você irá se divertir fazendo o biquíni, e quando o verão chegar terá adiantado seu figurino. Escolhi um algodão leve para realçar os detalhes delicados do design. O forro do biquíni é feito do mesmo tecido.

Instruções

Do que você precisa

Tecido — algodão leve: 1,75 m x 1,12 m
Linha que combine
Elástico: 1 m x 5 cm; 2 m x 5 mm

Máquina de costura
Tesoura
Agulha e alfinetes
Fita métrica / régua
Giz de alfaiate / marcador de tecido
Alfinetes de segurança: 2 grandes e 1 pequeno

Técnicas

Franzir tecido: veja página 76
Inserir elástico numa bainha: veja página 75
Bainha: veja página 76
Pesponto: veja página 75
Alça fina: veja página 77
Costurar elástico diretamente no tecido: veja página 75

1

Recorte o tecido de acordo com o molde da página 85. Faça as pences nas quatro seções dos bojos do sutiã. Dobre uma peça com os lados direitos juntos, alfinete criando a pence e alinhave. Na borda externa, a dobra deve ser mais larga, ter 1 cm, e a costura deve ir estreitando até o vértice da pence. Costure a pence a máquina. Passe a ferro para que as pences fiquem abertas.

Agora, para prender o elástico de 5 mm na cava e na borda do decote das duas peças do forro (não na borda com pence), corte quatro pedaços de elástico, cada um deles com 1 cm a menos que o tamanho da borda do decote do bojo, para o sutiã se adaptar melhor ao busto. Trabalhando a partir da borda da pence na direção do topo do triângulo, costure o elástico no lado avesso do tecido.

2

Faça duas alças finas para o laço do pescoço. Alfinete a ponta sem acabamento da alça no topo do lado direito da frente do bojo e alinhave.

Unindo os lados direitos do forro e da frente do bojo, alfinete um no outro, esticando o forro com elástico até ele ficar do tamanho do bojo.

Alinhave ao longo das bordas da cava e do decote, tomando cuidado para não pegar na alça. Faça uma costura de 1 cm a máquina. Vire o lado direito do bojo para fora puxando a alça. Passe a ferro. Pesponte em volta das bordas.

3

Acrescente os bojos na tira que ficará abaixo do busto. Marque o centro da tira. Una a borda sem acabamento do bojo à borda da tira e alfinete a frente do bojo no lado direito da tira, a 12 mm da marca. Faça o mesmo com o bojo esquerdo. Alinhave os dois, depois faça uma costura de 1 cm a máquina e passe a costura a ferro.

Dobre a tira ao meio, no sentido mais longo, com os lados direitos juntos. Alfinete, alinhave as pontas laterais e faça uma costura de 1 cm a máquina, parando essa costura a uma distância de 1 cm da borda sem acabamento. Apare a costura e vire o lado direito para fora. Vire 1 cm para dentro de tecido em cada uma das duas bordas longas da tira. Junte as bordas dobradas, alfinete e alinhave. Pesponte.

Instruções

4

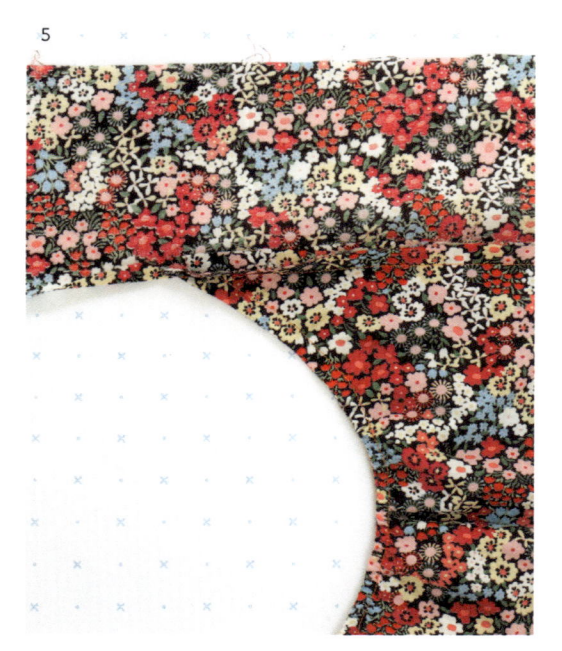

A calcinha é composta de duas peças iguais: utilize uma delas como forro. Prenda o elástico nas bordas das pernas do forro da mesma maneira que foi feito no forro do bojo do sutiã no passo 1. Corte duas peças de elástico, cada uma delas 1 cm menor do que o comprimento da volta da perna do molde.

Posicione a calcinha e o forro com os lados direitos juntos. Alfinete, alinhave e costure a máquina as bordas das pernas com uma costura de 1 cm, da mesma maneira que foi feito no bojo no passo 2. Vire o lado direito para fora e passe a ferro. Pesponte ao longo das bordas das pernas.

5

Prenda as tiras do cós na calcinha. Para isso, marque o centro de cada tira e das partes dianteira e traseira da calcinha. Junte o lado direito de uma das tiras com o lado de fora da calcinha, alfinete a calcinha na tira, unindo as marcas. Alinhave e depois faça uma costura de 1 cm.

Alfinete a ponta da tira dianteira na ponta da traseira, com os lados direitos juntos. Alinhave e depois prenda com uma costura de 1 cm. Faça o mesmo do outro lado. Abra a costura a ferro. Passe a ferro a apenas 1 cm da borda externa da tira, agora circular, e da borda interna, começando do ponto em que ela se prende à calcinha.

6

Dobre o cós e junte as bordas dobradas. Prenda com alfinetes em toda a volta. Alinhave, depois pesponte perto da borda, deixando um espaço de cerca de 5 cm na parte de trás da calcinha por onde será inserido o elástico.

Meça o elástico de 5 cm que será inserido no cós: segure-o em volta dos quadris abaixo do osso da bacia, assegurando-se de que esteja confortável e não apertado demais e acrescente um pouco para sobrepor as pontas. Insira o elástico, depois feche a abertura completando o pesponto na tira.

DICA

Este molde é para um bojo tamanho A. Para aumentar para um tamanho B, trace uma linha paralela em volta de cada lado a uma distância de 6 mm do molde original, acrescentando mais 6 mm para um bojo tamanho C e outros 6 mm para um bojo tamanho D.

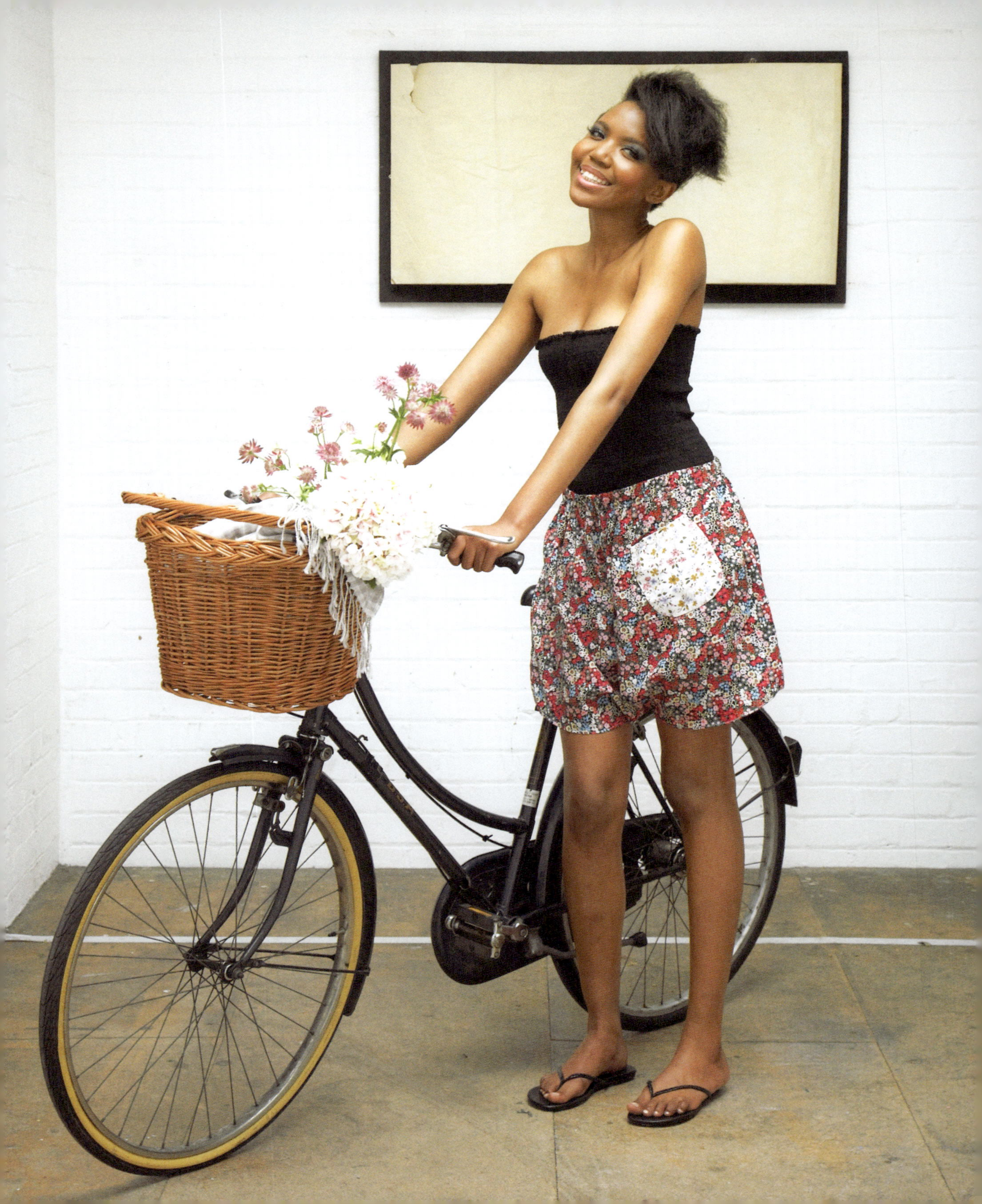

Saia-calça Charmosa

Essa saia com bermuda é ótima para o verão. Folgada e confortável, é ideal para andar de bicicleta ou passear na praia ou no parque. Sua forma incomum e despojada lhe dá a plenitude de uma saia, mas não é preciso se preocupar com ela sair voando num dia de ventania porque ela também é uma bermuda! Essa saia tem como característica um delicado bolso feito com um retalho enrugadinho. Escolha um tecido macio e leve que tenha um caimento digno de elogios, pois não há modelagem em volta dos quadris. Combine a saia-calça com uma camiseta lisa, um par de sandálias de dedo e uma bolsa espaçosa e aproveite ao máximo seus fins de semana.

Instruções

DO QUE VOCÊ PRECISA

Tecido — algodão macio e leve: saia-calça: 1,50 m x 1,12 m;
   bolso: 25 cm x 1,12 m
Linha que combine
Elástico: 1 m x 25 mm; 25 cm x 10 mm

Máquina de costura
Tesoura
Agulha e alfinetes
Fita métrica / régua
Giz de alfaiate / marcador de tecido
Alfinetes de segurança: 1 grande, 1 médio

TÉCNICAS

Costura francesa: veja página 73
Inserir elástico numa bainha: veja página 75
Bainha: veja página 76
Acabamento para curvas: veja página 73
Pesponto: veja página 75

1

2

1

Recorte o tecido de acordo com os moldes da página 86. Prenda as laterais e o gancho da saia-calça com costuras francesas. Faça o cós dobrando 4 cm do tecido e colocando para dentro 6 mm da borda sem acabamento, passe a ferro e alinhave. Costure a máquina, deixando espaço para o elástico.

Faça bainha nas pernas.

2

Posicione as duas peças dos bolsos com os lados direitos juntos. Alfinete, alinhave e costure a máquina a parte de cima do bolso com uma costura de 1 cm. Passe a ferro para abrir a costura. Corte uma peça de 13 cm do elástico de 10 mm e alfinete em uma ponta do lado avesso do bolso, perto da costura. Estique o elástico de uma ponta à outra, alfinetando em intervalos regulares. Alinhave e costure a máquina, esticando o elástico à medida que costura.

3

Dobre o bolso com os lados direitos juntos. Alfinete e alinhave as laterais e a parte de baixo. Passe a máquina em toda a volta com uma costura de 1 cm, deixando uma abertura de 5 cm para virar o lado direito do bolso para fora. Dê acabamento nas curvas. Vire o bolso e passe a ferro. Faça pontos invisíveis para fechar a abertura. Alfinete e alinhave o bolso sobre a saia-calça. Pesponte em torno das laterais e da parte de baixo a 3 mm da borda.

4

Meça o elástico de 25 mm na sua cintura, assegurando-se de que esteja confortável e não apertado demais, e acrescente um pouco para sobrepor as pontas. Insira o elástico na bainha do cós, depois feche a abertura.

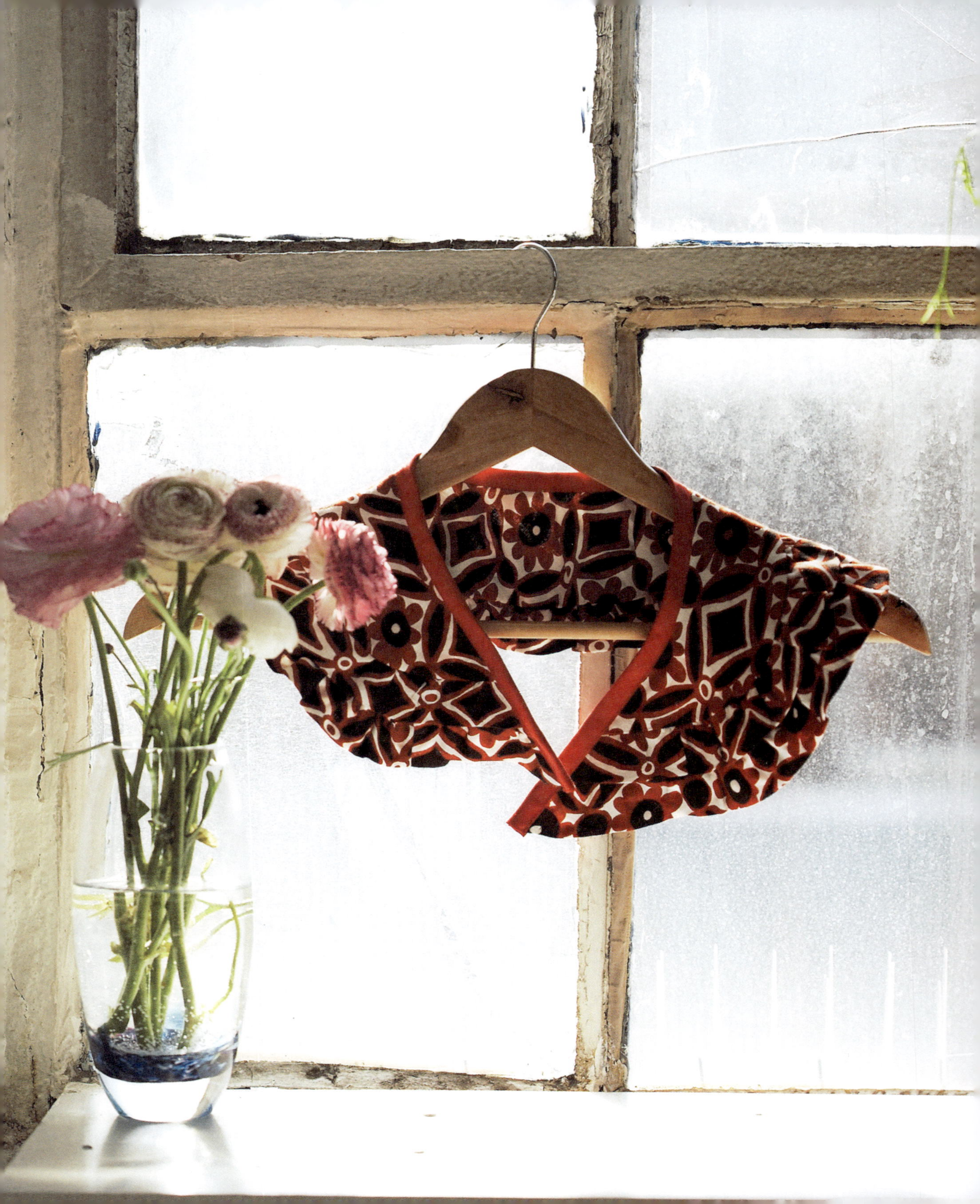

Gola de Princesa

Essa elegante gola fará você se sentir uma princesa. Será um excelente realce para uma blusa ou um vestido pretinho básico: num instante, você pode transformar um visual comum em algo original e sofisticado. Coloque a gola na bolsa, junto com um par de sandálias de salto, nos dias que quiser sair direto do trabalho — uma solução rápida e animada para as angústias de figurino!

Instruções

Do que você precisa

Tecido — linho ou algodão: 1,75 m x 1,12 m
Linha que combine
Fita de viés: 1 m x 2 cm
Botão: 1 cm de diâmetro

Máquina de costura
Tesoura
Agulha e alfinetes
Fita métrica / régua
Giz de alfaiate / marcador de tecido

Técnicas

Franzir tecido: veja página 76
Aplicar fita de viés: veja página 73
Acabamento para curvas: veja página 73
Ponto invisível: veja página 74
Casa de botão de linha: veja página 78

1

2

1

Recorte o tecido de acordo com os moldes da página 87. Faça o babado pequeno: dobre a tira menor ao meio, com os lados avessos juntos, e passe a ferro. Franza a borda sem acabamento, puxando o franzido até que encaixe na borda da gola pequena. Prenda o babado na gola: alfinete o franzido no lado direito da borda da gola. Alinhave e passe a máquina uma costura de 1 cm.
Faça o babado grande da mesma maneira. Costure-o a máquina na borda da gola grande. Dê acabamento nas curvas.

2

Prenda a gola grande na gola pequena: alfinete logo acima do franzido, na linha da costura, o avesso da gola pequena no lado direito da borda da gola grande. Alinhave. Passe a máquina uma costura de 1 cm.

3

Agora acrescente o forro. Vire a gola pelo avesso. Alfinete o lado direito da borda do forro no babado grande, logo acima do franzido. Alinhave. Costure com os lados direitos juntos. Levante o babado maior e costure o forro na borda de baixo da gola, sobre todas as camadas já costuradas, logo acima do franzido do babado maior, com a gola grande por cima. Depois, passe a máquina através de todas as camadas, ao longo da linha de costura. Deixe um espaço para virar. Dê acabamento nas curvas. Vire para o lado direito, feche a costura do forro com um ponto invisível e passe a ferro.

4

Alinhave o decote do forro no decote da gola pequena. Aplique o viés no decote (Método 1). Para fechar a gola, costure um botão em um lado e faça uma casa de linha no outro.

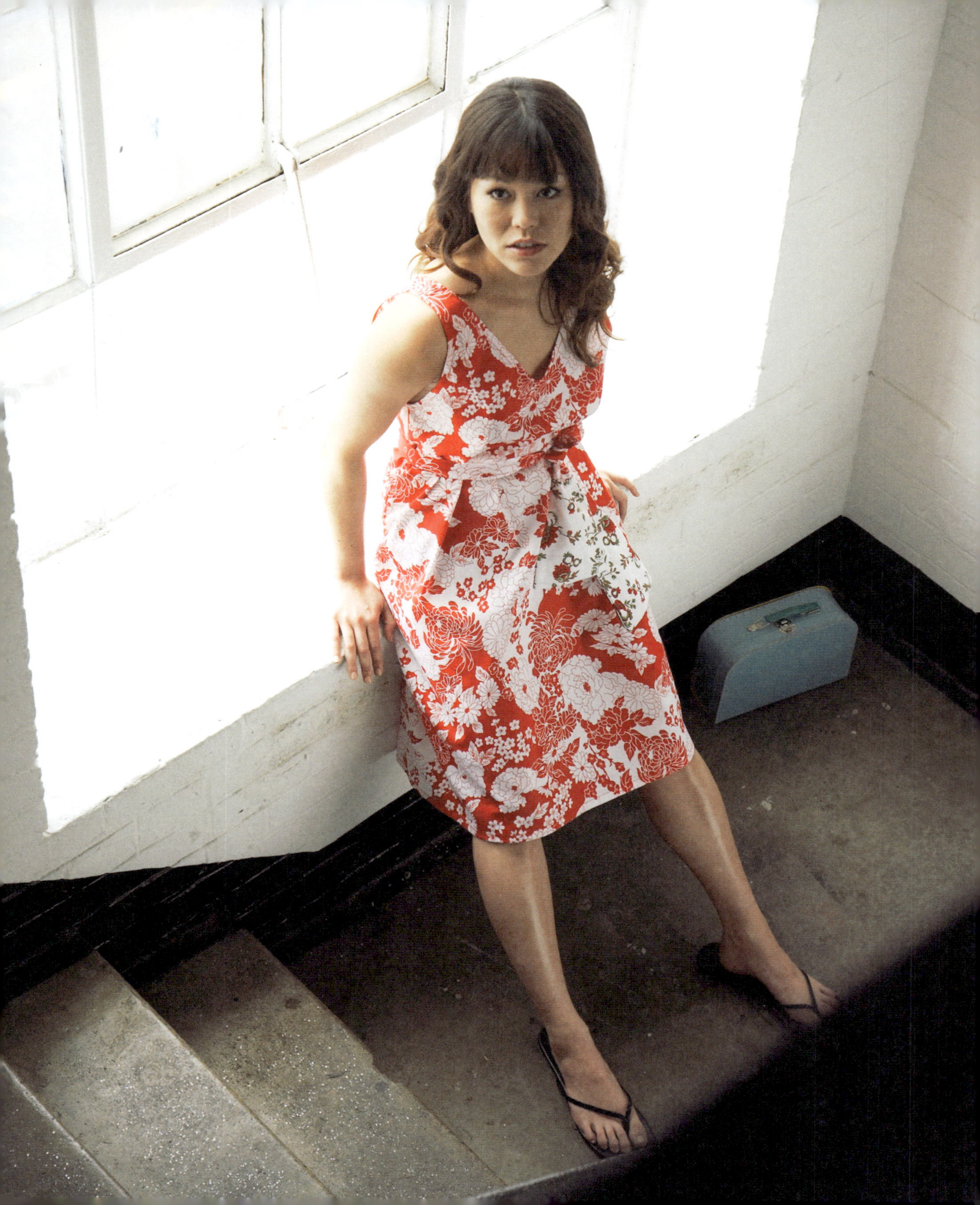

Vestido de Verão

Um vestido de verão num formato clássico — exuberante, simples e fácil de usar. O design me traz de volta lembranças alegres da infância de dias longos e ensolarados e dos vestidos vibrantes que eu usava. Este é um vestido bem simples de fazer, porque o acabamento do decote e das cavas é feito com viés. A faixa, que define a cintura, tem um tecido diferente nas pontas dando um toque de estilo. O vestido vai até a altura dos joelhos. Se quiser uma saia mais longa ou mais curta, altere o comprimento da barra. O design funciona bem numa estampa ousada, uma vez que a seção da frente, assim como a de trás, é composta de uma única peça, então você pode aproveitar ao máximo todas as incríveis estampas que existem por aí.

Instruções

Do que você precisa

Tecido — algodão (vestido e parte principal do cinto):
  Pequeno: 2,25 m x 1,12 m
  Médio: 2,25 m x 1,12 m
  Grande: 2,75 m x 1,12 m
Retalhos de tecido — algodão (pontas do cinto)
Linha que combine
Fita de viés de cetim: 3 m x 2 cm

Máquina de costura
Tesoura
Agulha e alfinetes
Fita métrica / régua
Giz de alfaiate / marcador de tecido

Técnicas

Costura francesa: veja página 73
Bainha: veja página 76
Aplicar fita de viés: veja página 73
Pesponto: veja página 75
Ponto invisível: veja página 74

1

Recorte o tecido de acordo com os moldes da página 88. Junte as laterais e os ombros do vestido com costuras francesas.

Faça a bainha da saia passando a ferro 1 cm para dentro na parte inferior do vestido, depois dobre a mesma quantidade. Alfinete, alinhave e pesponte.

2

Aplique o viés nas bordas do decote e da cava, utilizando o Método 2. Faça uma dobra no viés quando chegar ao vértice do decote em "V", deixando uma sobra no viés para acomodar a costura e melhor desenhar o "V" do decote.

Quando virar o viés por cima da borda sem acabamento, segure-o no lugar, depois vire a borda de novo de forma que o viés fique do lado de dentro da roupa e não apareça. Alfinete e alinhave. Pesponte o viés próximo à borda.

3

Para a faixa da cintura, dobre ao meio um dos retalhos que ficará na ponta da faixa, de acordo com o molde, unindo os lados direitos. Alfinete, alinhave e faça a máquina uma costura de 1 cm em uma das bordas laterais. Passe a ferro, abrindo a costura com os dedos.

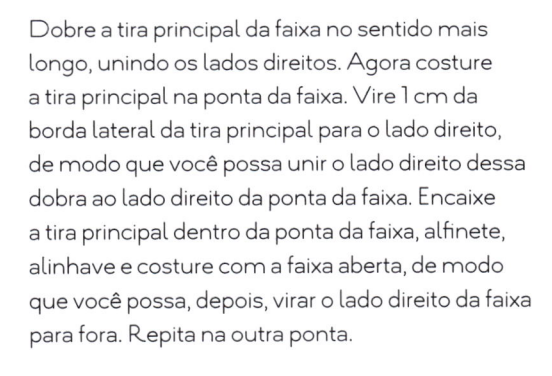

Dobre a tira principal da faixa no sentido mais longo, unindo os lados direitos. Agora costure a tira principal na ponta da faixa. Vire 1 cm da borda lateral da tira principal para o lado direito, de modo que você possa unir o lado direito dessa dobra ao lado direito da ponta da faixa. Encaixe a tira principal dentro da ponta da faixa, alfinete, alinhave e costure com a faixa aberta, de modo que você possa, depois, virar o lado direito da faixa para fora. Repita na outra ponta.

4

Com a tira principal da faixa dobrada e os lados direitos unidos, alfinete e alinhave ao longo da borda de uma ponta à outra. Faça uma costura de 1 cm a máquina, deixando uma abertura de 8 cm para virar o lado direito do cinto para fora. Depois de virar, feche a abertura com ponto invisível.

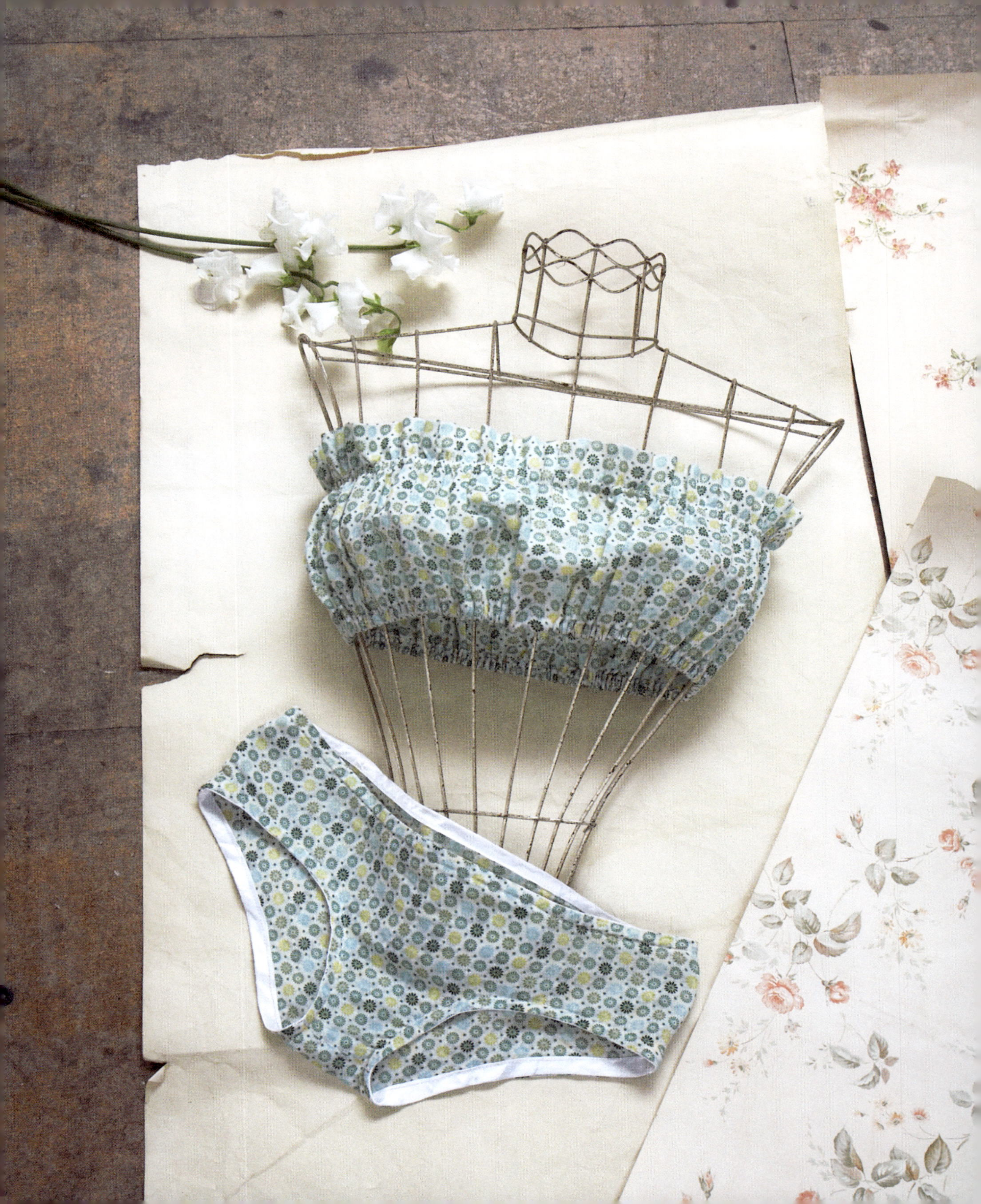

Biquíni Tomara que caia

Esse adorável biquíni é um pouco maior do que o da página 26. Biquínis de algodão são confortáveis e secam rapidamente. Escolhi um algodão macio e fino com uma charmosa estampa geométrica de pequenas flores. O resultado é um biquíni com um doce toque retrô. O sutiã com elástico se adapta ao corpo, proporcionando um ajuste perfeito, e o leve plissado na parte de cima é um detalhe gracioso. O biquíni é todo forrado no mesmo tecido. Se você realmente amou o tecido, por que não comprar um pouco mais dele para fazer como canga? Basta fazer a bainha nas bordas.

Instruções

do que você precisa

Tecido — algodão leve e macio:
    Pequeno: 1,50 m x 1,12 cm
    Médio: 2 m x 1,12 cm
    Grande: 2 m x 1,12 cm
Linha que combine
Fita de viés: 2 m x 2 cm
Elástico: 2 m x 6 mm

Máquina de costura
Tesoura

Agulha e alfinetes
Fita métrica / régua
Giz de alfaiate / marcador de tecido

técnicas

Inserir elástico numa bainha: veja página 75
Bainha: veja página 76
Aplicar fita de viés: veja página 73
Pesponto: veja página 75

1

Recorte o tecido de acordo com os moldes da página 89. Dobre o tecido do sutiã ao meio, na altura, unindo os lados direitos, formando um sutiã com forro. Alfinete, alinhave e faça uma costura de 1 cm unindo uma borda lateral na outra. Abra as costuras a ferro. Vire o lado direito do sutiã para fora, unindo as bordas sem acabamento, e passe a ferro.

Agora faça uma bainha para inserir o elástico superior. Costure a máquina em linha reta a 3 cm da borda superior (dobrada) do sutiã. Costure outra linha paralela à primeira, 1 cm abaixo dela, deixando uma abertura para introduzir o elástico.

Meça o elástico superior logo acima do busto, sob os braços, assegurando-se de que esteja confortável e não apertado demais e acrescente um pouco para sobrepor as pontas. Para inserir o elástico, afaste o tecido da frente do sutiã do tecido do forro e, por entre as duas partes, passe o elástico na bainha com um alfinete de segurança. Feche a abertura com pontos invisíveis.

2

Usando a técnica de inserir o elástico numa bainha, junte as bordas sem acabamento na parte inferior do sutiã e alinhave. Faça uma bainha passando a ferro 1 cm para dentro do sutiã; depois, dobre de novo. Alinhave, depois costure a máquina perto da borda, deixando um espaço para inserir o elástico. Meça e insira o elástico, depois feche a abertura.

3

Faça a calcinha e o forro. Posicione a parte da frente e a parte de trás da calcinha com os lados direitos juntos, depois alfinete, alinhave e prenda as laterais e o gancho com costuras de 1 cm. Abra as costuras a ferro. Faça o mesmo com o forro. Depois, vire o lado direito da calcinha para fora. E encaixe o forro, que está com o lado avesso para fora, dentro da calcinha, unindo os lados avessos. Com as peças juntas, alfinete e alinhave em volta da borda superior e das pernas.

4

Aplique viés na borda superior e nas bordas das pernas, utilizando o Método 2.

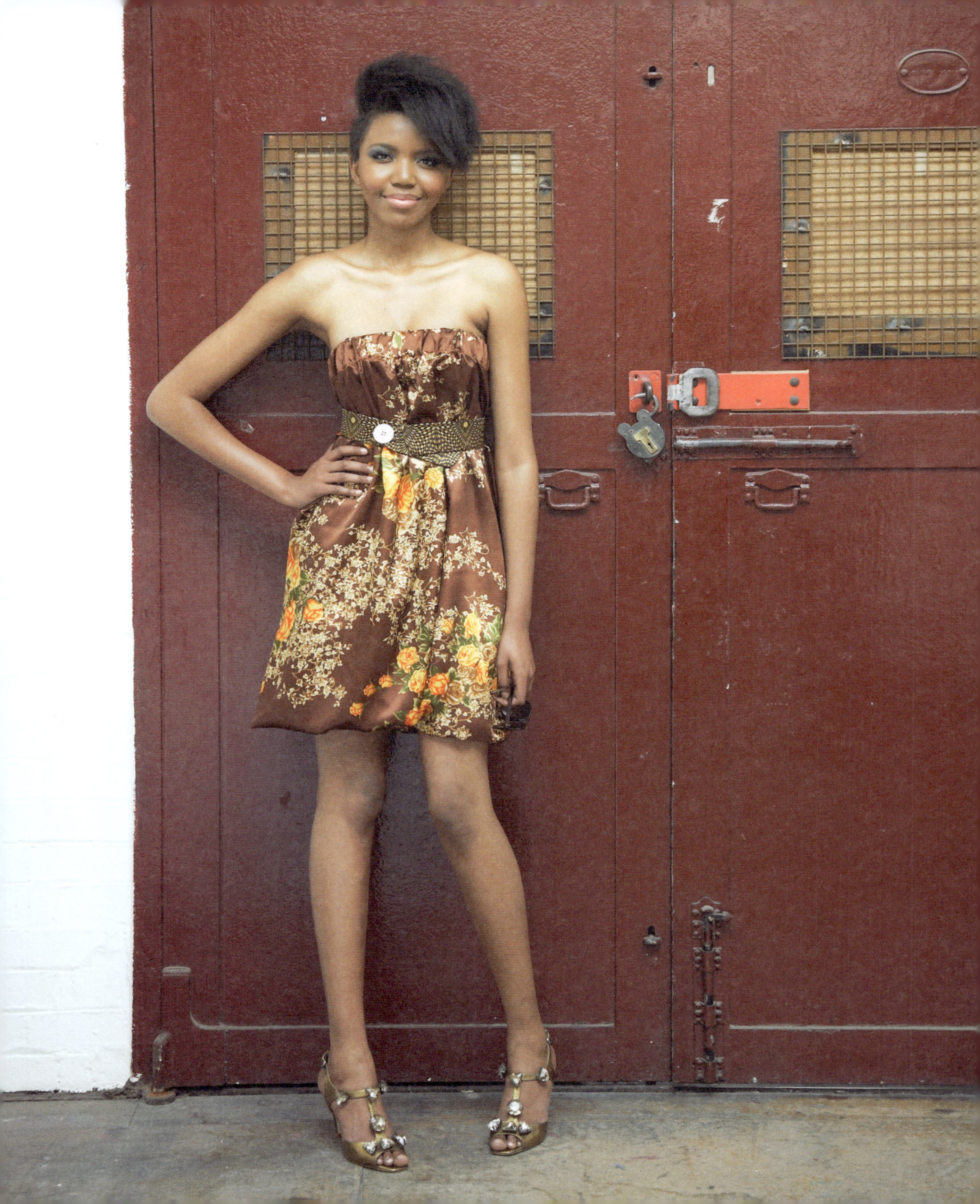

Vestido Tomara que caia

Mulheres que apreciam cortes simples e tecidos fabulosos que revelam suas curvas irão adorar esse lindo tomara que caia. Escolhi um maravilhoso cetim de seda florido marrom e laranja, que flui sobre o corpo e tem um caimento lindo. A bainha tem um elástico para proporcionar um efeito levemente balonê. Esse modelo tem um cinto de desenho geométrico, abotoado de maneira assimétrica, que faz um belo contraste com a estampa florida do vestido. Este é um vestido muito versátil: use com sandálias numa tarde de verão e com joias e salto alto à noite ou numa ocasião especial.

Instruções

Do que você precisa

Tecido do vestido — macio e sedoso, por exemplo, cetim de seda:
  Pequeno: 1,50 m x 1,12 m
  Médio: 1,75 m x 1,12 m
  Grande: 1,75 m x 1,12 m
Tecido do cinto — peso médio sedoso, por exemplo, sintético:
  Pequeno: 1,25 m x 1,12 m
  Médio: 1,25 m x 1,12 m
  Grande: 1,50 m x 1,12 m
Linha que combine
Elástico: 1,25 m x 50 mm; 1,25 m x 6 mm
Entretela termocolante: 1,50 m x 0,90 m: gramatura média
Botão: 3 cm de diâmetro

Máquina de costura
Tesoura
Agulha e alfinetes
Fita métrica / régua
Giz de alfaiate / marcador de tecido
Alfinetes de segurança: 1 grande, 1 médio e 1 pequeno

Técnicas

Costura francesa: ver página 73
Inserir elástico numa bainha: veja página 75
Bainha: ver página 76
Pesponto: ver página 75
Alça fina: ver página 77
Ponto invisível: ver página 74

1

Veja na página 90 o molde do vestido. Ao abrir o tecido para cortá-lo, dobre-o no sentido mais longo. Recorte a peça para o vestido e dobre o tecido de novo na largura. Prenda as bordas laterais sem acabamento uma na outra com uma costura francesa.

Faça as bainhas para as bordas superior e inferior do vestido, que também formam túneis para o elástico. Para a borda superior, vire para dentro 1 cm e passe a ferro, depois vire mais 7 cm para dentro e passe a ferro novamente. Alfinete, alinhave e costure a máquina ao longo da borda dobrada. Para a parte de baixo, vire 1 cm para dentro, passe a ferro, vire mais 2,25 cm e passe a ferro mais uma vez. Alfinete, alinhave e costure a máquina ao longo da borda dobrada. Você deve deixar um espaço de aproximadamente 5 a 8 cm para inserir o elástico.

2

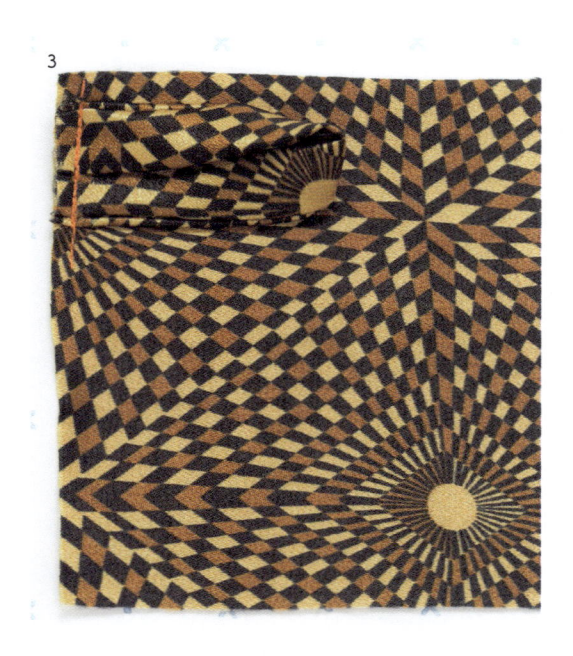

Meça o elástico para a parte de cima do vestido: segure-o em volta do peito sob os braços, assegurando-se de que esteja confortável e não apertado demais e acrescente um pouco para sobrepor as pontas. Insira o elástico na bainha superior e depois feche sua abertura. Faça a mesma coisa para a parte de baixo do vestido: sobreponha as pontas do elástico para obter o efeito desejado — quanto menor o elástico, mais bufante será a base do vestido. Lembre-se de que você também precisa ser capaz de andar!

3

Faça a casa do botão do cinto: corte uma peça de tecido de 10 x 3 cm. Dobre ao meio no sentido mais longo, com os lados direitos juntos. Alfinete, alinhave e costure a máquina a borda longa com uma costura de 6 mm. Vire o lado direito para fora. As duas pontas devem ser deixadas abertas.

Corte uma peça de entretela do mesmo tamanho do molde do cinto e passe a entretela a ferro no lado avesso do cinto. Posicione a casa do botão em uma das extremidades do cinto, do lado direito do tecido, juntando as pontas da casa. Prenda com uma costura de 6 mm.

4

Dobre o cinto, segundo o molde, com os lados direitos juntos e alfinete e alinhave em torno das bordas sem acabamento. Faça uma costura de 1 cm a máquina, deixando um espaço de cerca de 8 cm para virar. Vire o lado direito para fora e faça ponto invisível para fechar o espaço. Experimente o vestido, coloque o cinto e marque a posição do botão. Prenda o botão.

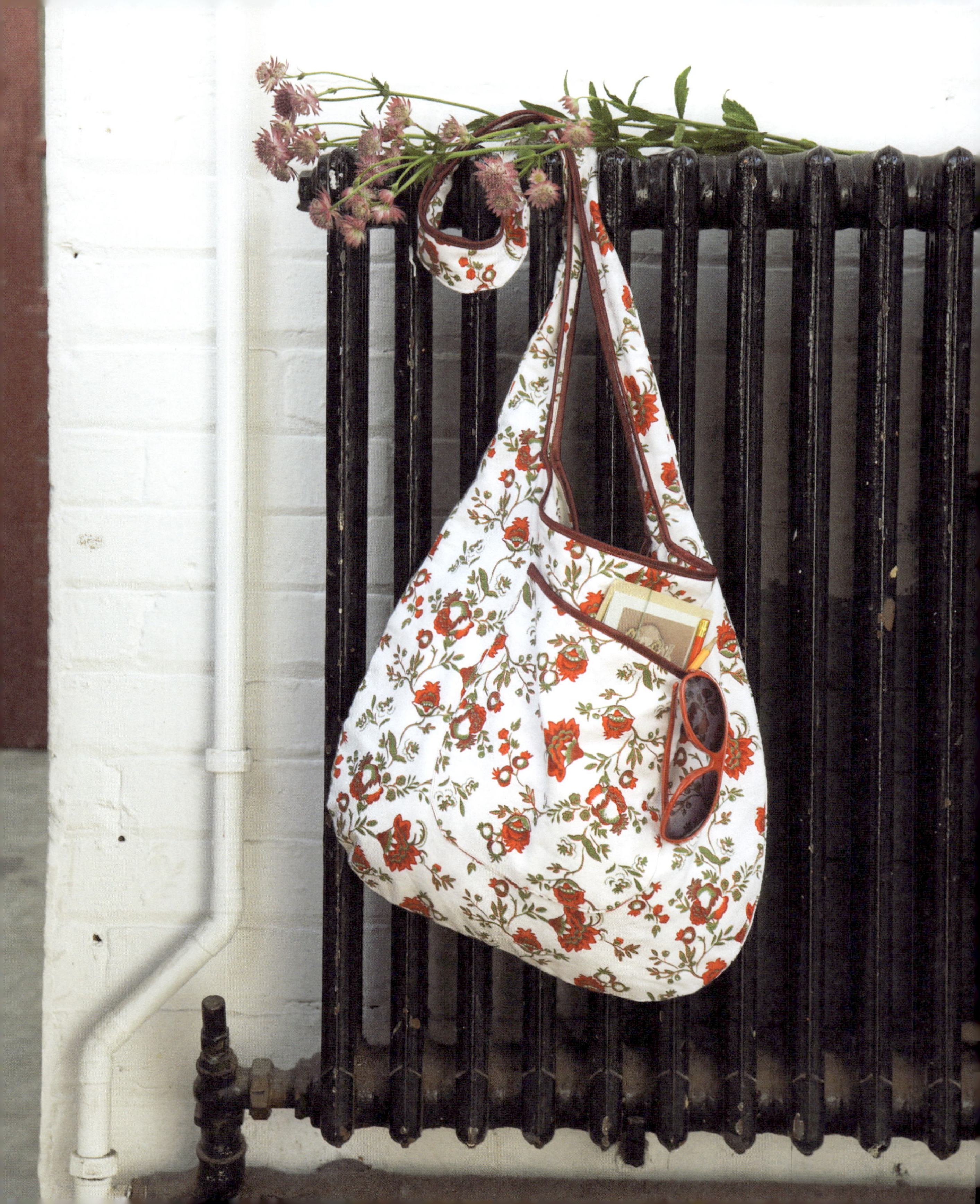

Bolsa a Tiracolo

Essa bolsa é quase uma mochila, porque nela cabe muita coisa. No entanto, a grande alça a tiracolo é usada cruzada no corpo, sobre um ombro, distribuindo o peso e deixando as mãos livres. O bolso externo é útil para itens de acesso imediato. As seções da bolsa e da alça são cortadas numa única peça para facilitar a montagem. Faça essa bolsa agora — ela é tão útil que você ficará imaginando como conseguiu viver até hoje sem ela!

Instruções

Do que você precisa

Tecido — algodão grosso ou linho: 2,50 m x 1,12 m
Linha que combine
Fita de viés: 3,50 m x 16 mm

Máquina de costura
Tesoura
Agulha e alfinetes
Fita métrica / régua
Giz de alfaiate / marcador de tecido

Técnicas

Aplicar fita de viés: veja página 73
Pesponto: veja página 75

1

Recorte o tecido de acordo com os moldes da página 91. Alfinete o bolso com os lados direitos juntos. Alinhave e depois passe a máquina sobre a borda curvada com uma costura de 1 cm. Vire o lado direito para fora e passe a ferro. Aplique a fita de viés na borda sem acabamento da parte superior do bolso, utilizando o Método 1 e dobrando as pontas para dentro para arrematar.

2

Alfinete o bolso na peça da frente da bolsa, na posição que desejar. Alinhave, depois pesponte perto da borda arredondada, deixando a parte de cima aberta.

3

Junte um par de peças para fazer a parte externa da bolsa. Para isso, posicione os lados direitos juntos, depois alfinete, alinhave e faça uma costura de 1 cm a máquina. Costure em volta da borda externa da bolsa e da alça, deixando aberto o lado de dentro da bolsa. Passe a ferro. Faça o mesmo para o forro. Vire o lado direito da bolsa para fora e deixe o avesso do forro também para fora.

4

Deslize o forro para dentro da bolsa, juntando o avesso do forro com o avesso da bolsa, encaixando as bordas e as alças. Alfinete e alinhave forro e bolsa ao longo das bordas da alça e da borda reta da parte de cima da bolsa. Aplique a fita de viés nas bordas das alças e nas bordas de abertura da bolsa, utilizando o Método 1, enfiando a fita para dentro à medida que o aplicar nos cantos da bolsa.

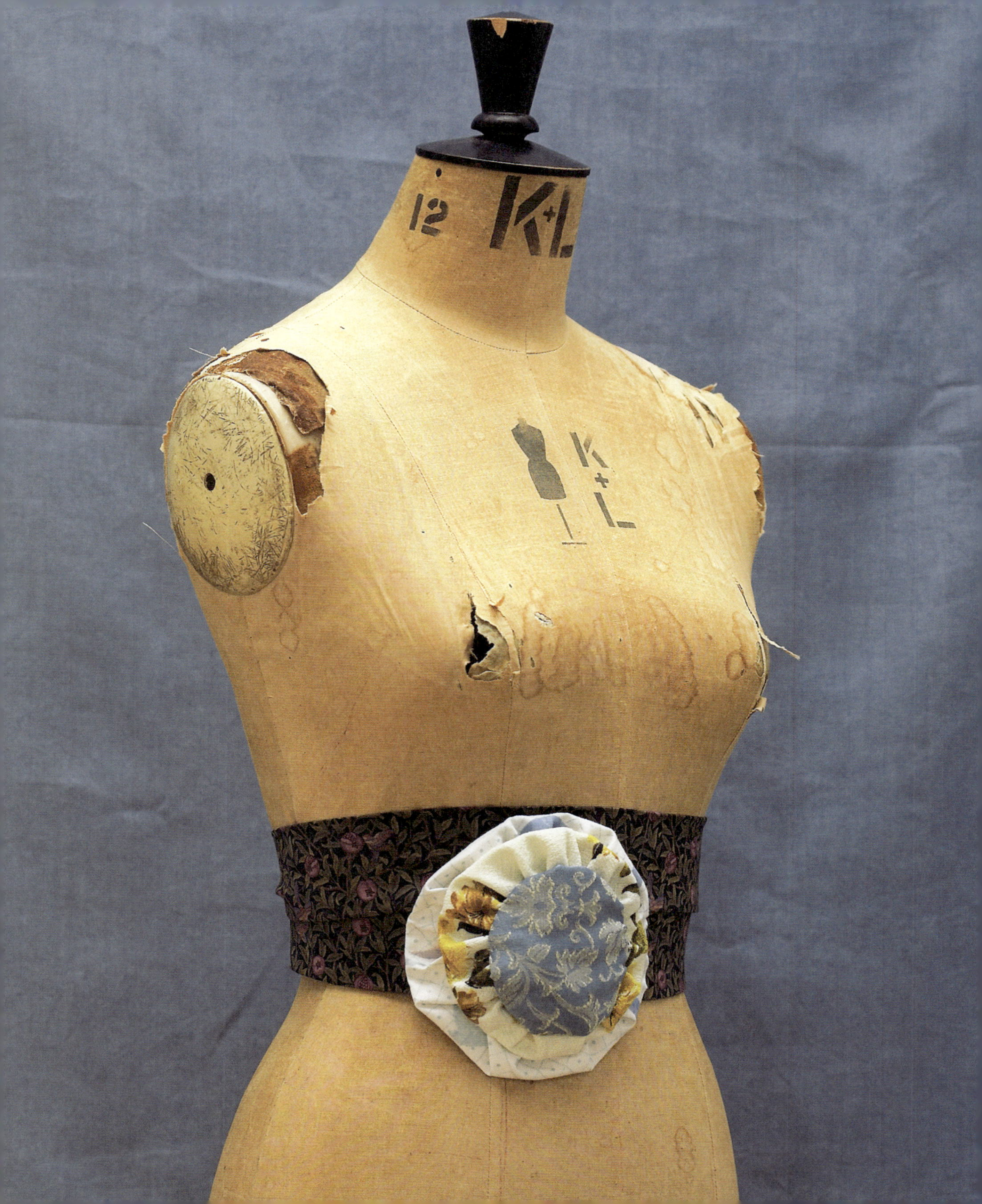
12
K+L
K
+
L

Cinto com Flor de Fuxico

Esse cinto é uma ótima maneira de utilizar retalhos que você adore, mas que sejam pequenos demais para fazer outros projetos. As instruções são para um cinto com 5 cm de largura e 1,80 m de comprimento, longo o suficiente para ser amarrado com um laço nas costas. Se preferir um cinto mais largo (conforme a foto à esquerda) ou mais comprido, para dar várias voltas no seu corpo, ajuste a quantidade de tecido e as dimensões. A largura das duas peças de tecido precisa ser o dobro da largura desejada para o cinto. Acrescente uma folga de 1 cm na costura em todas as bordas.

Instruções

DO QUE VOCÊ PRECISA

Tecido do cinto — algodão (5 cm de largura):
- Pequeno: 1 m x 1,12 m
- Médio: 1,25 m x 1,12 m
- Grande: 1,25 m x 1,12 m

Retalhos de tecido (fuxico)
Linha que combine

Máquina de costura
Papelão para base dos fuxicos
Tesoura

Agulha e alfinetes
Fita métrica / régua
Giz de alfaiate / marcador de tecido
Compasso

TÉCNICAS

Franzir tecido: veja página 76
Chulear: veja página 74
Ponto invisível: veja página 74

1

Recorte o tecido de acordo com os moldes da página 92. A flor de fuxico é composta de três círculos de tecido. Passe uma linha em volta da borda de um dos retalhos, posicione-o sobre o molde de papelão e depois puxe a linha, franzindo para dar uma forma bufante, arredondada. Faça o mesmo com os outros dois retalhos.

2

Monte a flor. Posicione a peça maior com o lado franzido para cima. Alfinete a peça média em cima dela, também com o lado franzido para cima. Faça um chuleado para prender o lado de baixo da peça média na parte de cima da peça grande. Trabalhe os pontos a uma distância de 16 mm da borda da peça média, para que eles não apareçam quando colocarmos a peça menor sobre a média. Posicione a peça pequena em cima, dessa vez com o lado franzido para baixo. Fixe a peça pequena da mesma maneira que as outras.

3

Para o cinto, junte as duas tiras unindo-as nas pontas curtas com os lados direitos juntos e faça uma costura de 1 cm a máquina. Abra a costura a ferro. Dobre o cinto com os lados direitos juntos. Alfinete, alinhave e passe a máquina em volta das três bordas sem acabamento com uma única costura de 1 cm, deixando um espaço de 8 cm sem costura para virar o cinto. Vire o lado direito para fora e passe a ferro. Faça pontos invisíveis para fechar o espaço.

4

Costure a mão a flor no cinto, chuleando-a firmemente em vários lugares, na parte interna dos fuxicos (para que os pontos não apareçam). Utilize uma linha dupla para maior firmeza.

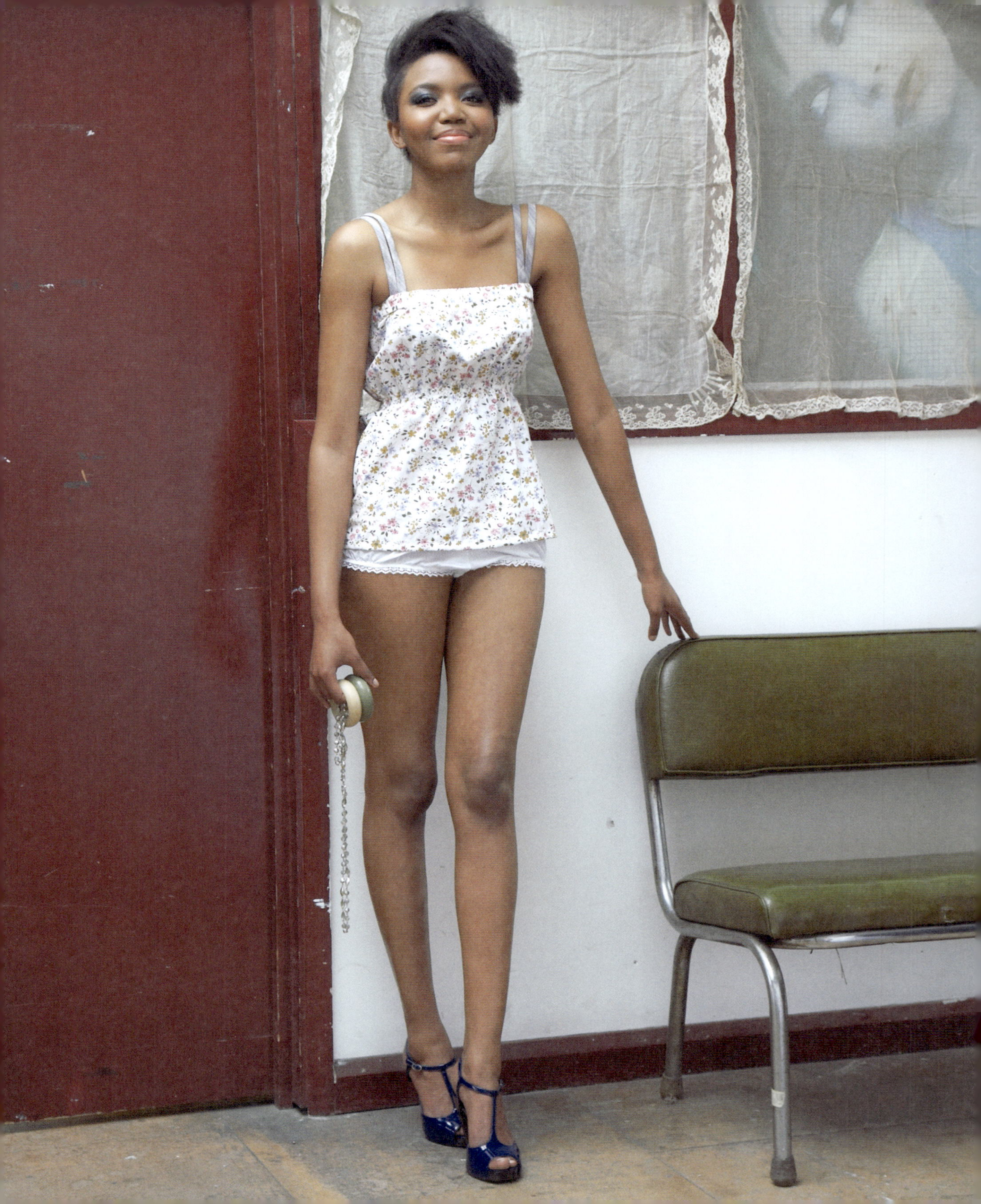

Blusinha Franzida

Essa blusa, fácil de fazer e de usar, é um clássico. A forma é dada por um franzido que proporciona, ainda, um ajuste confortável; as alças duplas feitas em um tecido contrastante dão um toque diferenciado. Feita com uma bela estampa de flores que lembrem um jardim de verão, ela vai deixar você bonita e fresquinha em dias sufocantes. Vista com um jeans surrado para um charme descontraído ou combine com uma saia delicada para um visual mais elegante.

Instruções

Do que você precisa

Tecido para a blusa — algodão macio e leve:
    Pequeno: 0,75 m x 1,12 m
    Médio: 1,25 m x 1,12 m
    Grande: 1,25 m x 1,12 m
Tecido para as alças: 0,25 m x 1,12 m algodão
Linha que combine
Lastex: 1 carretel
Elástico: 1 m x 25 mm

Máquina de costura
Tesoura
Agulha e alfinetes
Fita métrica / régua
Giz de alfaiate / marcador de tecido
Alfinetes de segurança: 1 grande, 1 médio e 1 pequeno

Técnicas

Costura francesa: veja página 73
Inserir elástico numa bainha: veja página 75
Bainha: veja página 76
Pesponto: veja página 75
Acabamento para curvas: veja página 73
Ponto invisível: veja página 74
Franzir: veja página 76
Alça fina: veja página 77
Costura rebatida: veja página 74

1

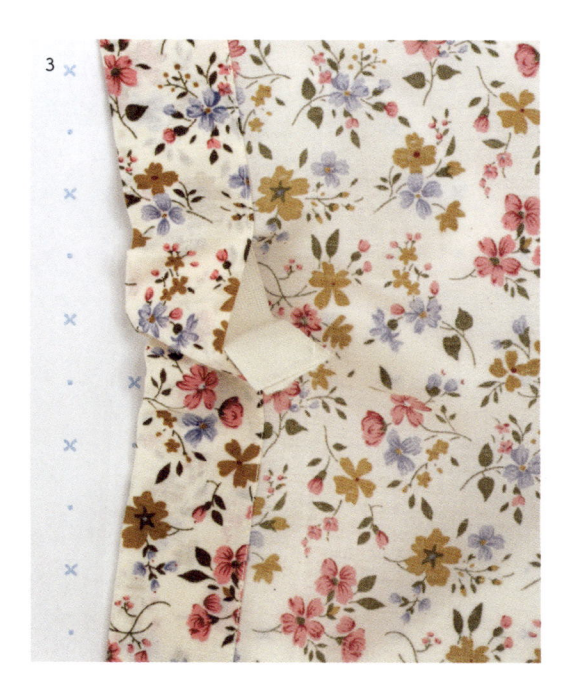

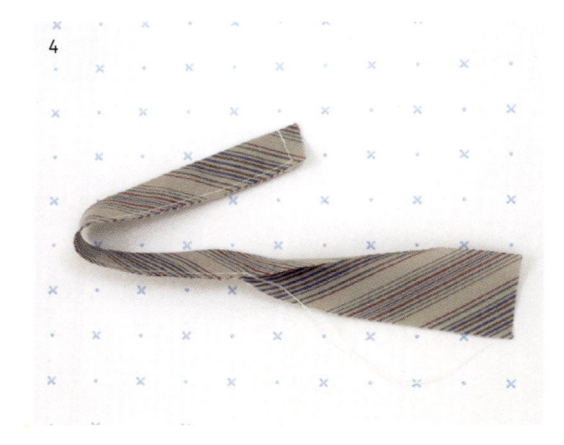

Recorte as peças de acordo com os moldes da página 93. Prenda as laterais com uma costura francesa. Faça a bainha da borda inferior da blusa dobrando 12 mm para dentro; passe a ferro. Dobre de novo, alfinete, alinhave e costure a máquina.

2

Costure quatro fileiras paralelas de pontos franzidos, com 6 mm entre elas, dando a volta em toda a blusa, abaixo do busto e acima da cintura. O molde indica a posição do franzido. No entanto, talvez você o prefira um pouco mais alto se tiver um busto pequeno ou mais baixo se o busto for grande. Ou, ainda, você pode preferir o franzido na cintura.

3

Faça uma bainha para o elástico da borda superior da blusa dobrando 6 mm da borda sem acabamento, passando a ferro, e depois dobrando novamente 4 cm. Alfinete, alinhave e passe a máquina, deixando um espaço para inserir o elástico. Meça o elástico para a abertura: segure à volta do peito, sob os braços, assegurando-se de que esteja confortável e não apertado demais e acrescente um pouco para sobrepor as pontas. Insira o elástico e feche a abertura.

4

Faça quatro alças finas, seguindo as instruções. Prenda as alças na parte de trás da blusa — um par para cada ombro. Faça a mão uma costura rebatida e firme. Experimente a blusa, colocando as alças sobre seus ombros. Marque a altura das alças com alfinetes, na posição desejada. Tire a blusa e prenda as pontas das alças na frente, da mesma maneira que prendeu atrás.

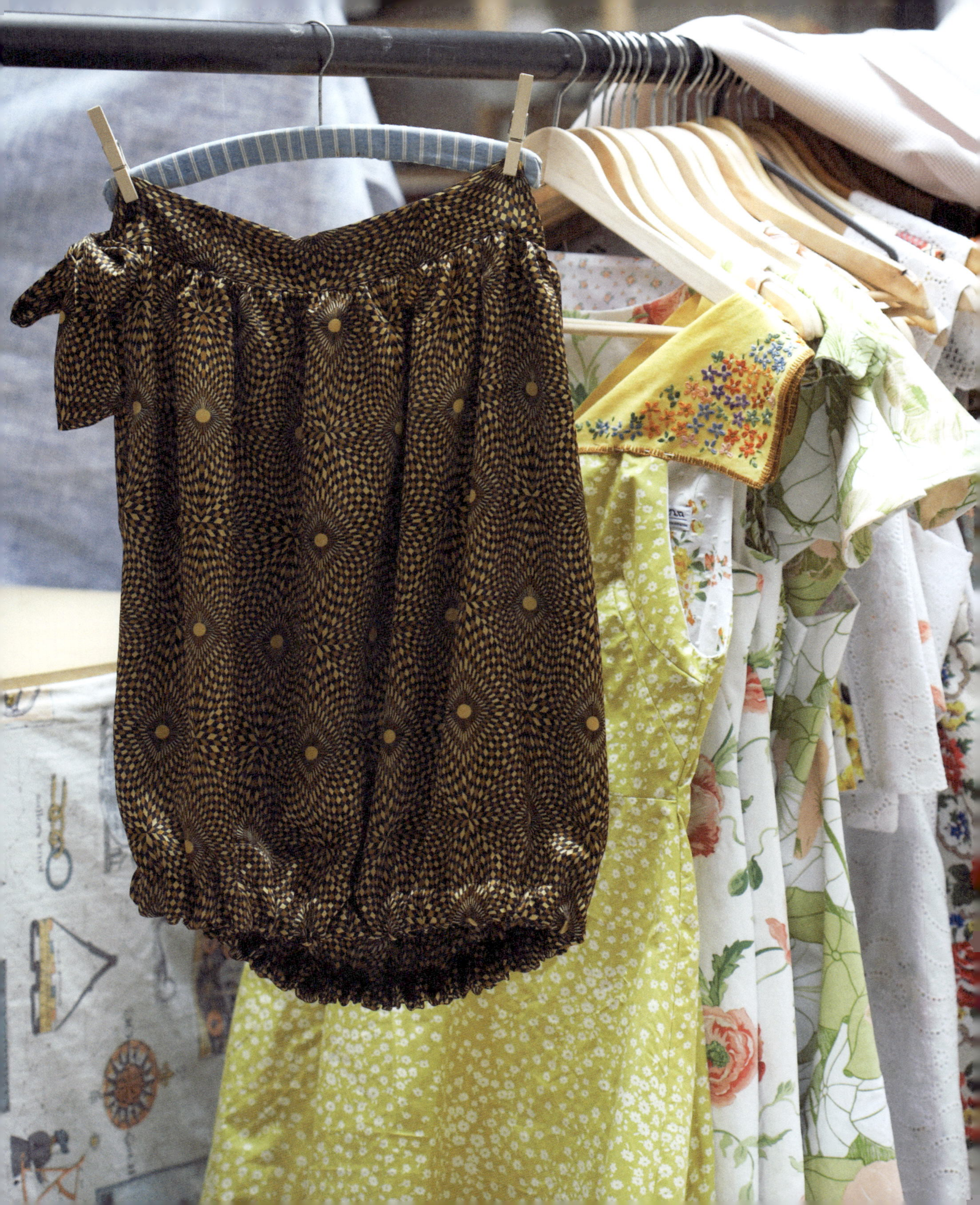

Saia de Seda

Essa saia luxuosa é um bom projeto para iniciantes na costura. Não há zíper para inserir — o cós de amarrar dá estilo ao acabamento — e o laço cobre a fenda que lhe permite ajustar a saia. Os franzidos acrescentam estrutura ao tecido sedoso e produzem a linda forma bufante do desenho. Combine com blusas ou suéteres quentinhos e uma meia-calça grossa durante os meses de inverno, ou com uma blusa transparente e uma bela lingerie numa noite elegante. O comprimento final da saia (exceto o cós) é de aproximadamente 50 cm: se você quiser outra medida, ajuste o molde.

Instruções

Do que você precisa

Tecido — macio e sedoso (por exemplo, cetim de seda ou seda sintética): 2 m x 1,12 cm
Linha que combine
Fita de viés: 50 cm x 18 mm
Elástico: 1 m x 2 cm de largura

Máquina de costura
Tesoura
Agulha e alfinetes
Fita métrica / régua
Giz de alfaiate / marcador de tecido
Alfinetes de segurança: 1 grande e 1 médio

Técnicas

Costura francesa: veja página 73
Franzir: veja página 76
Inserir elástico numa bainha: veja página 75
Bainha: veja página 76
Aplicar fita de viés: veja página 73
Pesponto: veja página 75

1

1

Recorte o tecido de acordo com os moldes da página 94. Faça uma marca 15 cm abaixo da cintura, em cada costura lateral. Junte as laterais com uma costura francesa, a partir das marcas até a borda inferior. A parte aberta irá formar uma fenda na parte de cima da saia.

Alinhave os pontos, que serão franzidos, ao longo da borda superior. Puxe os pontos para cima até a medida exata da sua cintura mais 1 cm de folga. Dê nós nas extremidades das linhas para manter o franzido.

2

Faça o acabamento da fenda aplicando a fita de viés nas bordas. Recorte duas peças de viés, cada uma com 16 cm de comprimento. Aplique as fitas de viés em cada lado da fenda, dobrando para dentro 1 cm da fita no extremo inferior da fenda para ajustar o acabamento. Costure a máquina e passe a ferro as bordas com as fitas de viés.

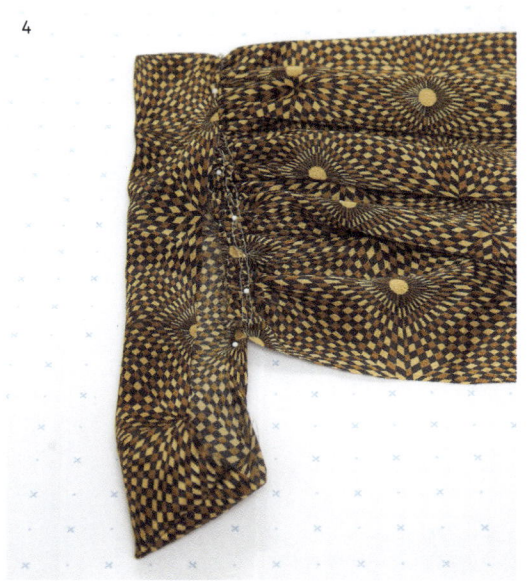

3

Faça o cós dobrando a faixa da cintura ao meio com os lados direitos juntos. Passe a ferro essa dobra, depois dobre um 1 cm de cada borda longa e passe a ferro de novo.

4

Agora você vai costurar a faixa na saia. Centralize a faixa sobre a borda franzida da saia de tal modo que as duas pontas da faixa fiquem do mesmo tamanho. Antes de alfinetar o cós, distribua uniformemente o franzido da saia. Alfinete e depois costure a dobra de 1 cm de uma das bordas sem acabamento da faixa na borda franzida da saia, unindo os lados direitos.

Volte a dobrar a faixa ao meio, unindo os lados direitos. Alfinete, alinhave e passe a máquina, com uma costura de 1 cm, as bordas sem acabamento das duas pontas da faixa até onde ela encontra a saia. Corte a folga da costura até onde acabam os pontos e apare os cantos na diagonal. Vire o cós para o lado direito e passe a ferro. No avesso da saia, vire 1 cm sobre o cós e, embutindo a costura, chuleie na folga do tecido. Passe a costura a ferro.

5

Faça a bainha, criando um espaço para inserir o elástico: dobre 4 cm para dentro da saia e passe a ferro. Passe de novo 1 cm da borda sem acabamento. Siga as instruções para inserir o elástico na bainha e sobreponha as pontas do elástico até obter o efeito bufante desejado.

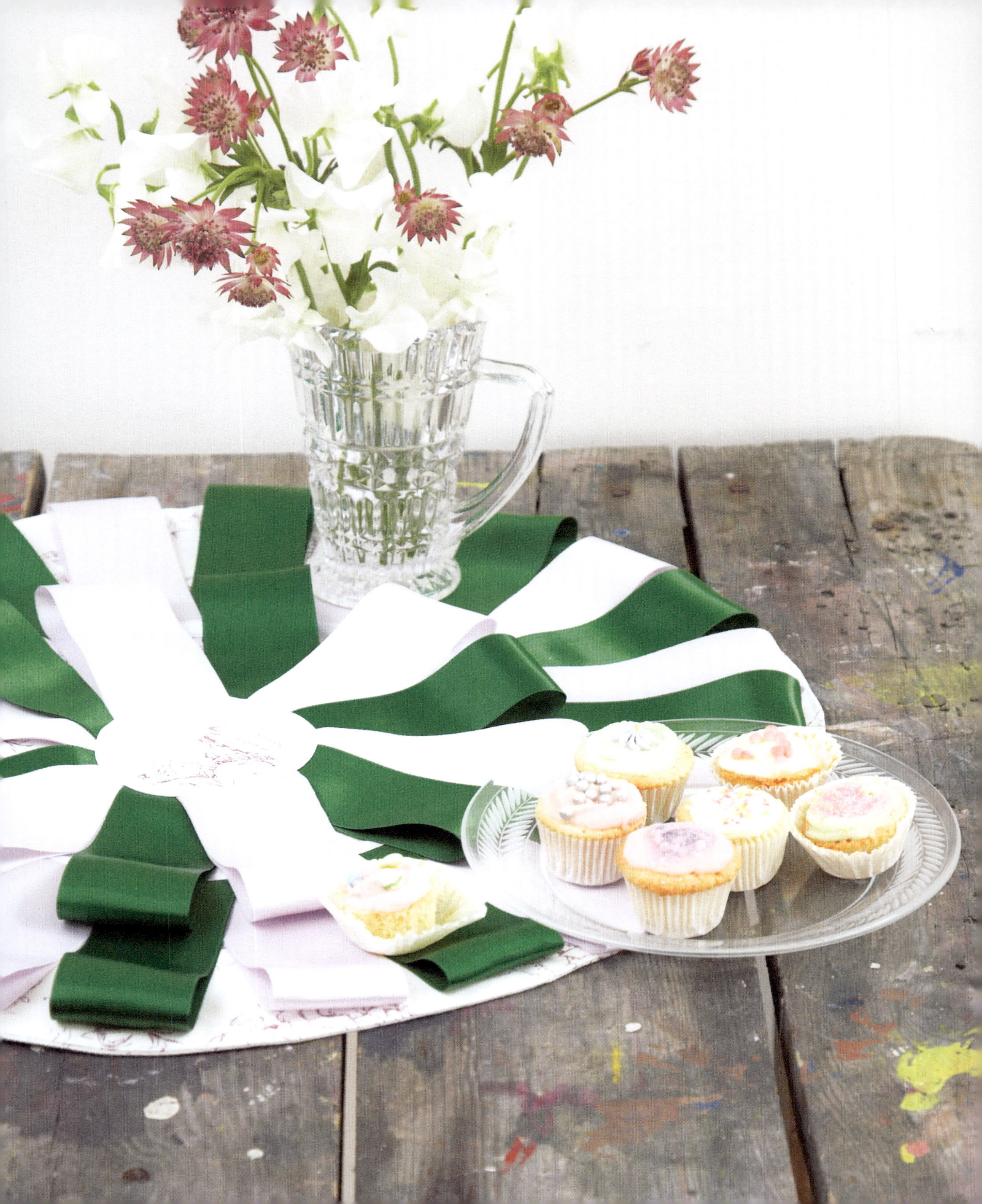

Paninho de Mesa de Festa

Se eu não fosse estilista, seria chefe de cozinha, porque adoro cozinhar e divertir as pessoas. Você poderia pensar que não existe qualquer utilidade para paninhos de mesa até resolver dar um jantar e perceber que eles seriam a melhor coisa para acrescentar um toque de estilo à sua mesa. Esse paninho é colorido, diferente e bonito. A ideia é proporcionar um ar alegre à mesa — utilize-o sob um vaso com flores ou sob um lindo arranjo de frutas. Mas atenção! Ele não serve de aparador, pois não absorve o calor de pratos quentes.

Instruções

do que você precisa

Tecido — algodão grosso: 75 cm x 1,12 cm
2 fitas de cetim (duas cores): 9,25 m x 5 cm, cada
Fita de viés de cetim: 1,50 m x 2 cm
Linha que combine
Entretela termocolante — gramatura média: 75 cm
Forma de papel

Máquina de costura
Tesoura

Agulha e alfinetes
Fita métrica / régua
Giz de alfaiate / marcador de tecido

Técnicas

Aplicar fita de viés: veja página 73
Pesponto: veja página 75
Ponto invisível: veja página 74
Acabamento para curvas: veja página 73

1

2

1

Recorte as peças de acordo com os moldes da página 95. Aplique a entretela no lado avesso de um dos círculos de tecido, de acordo com as instruções do fabricante. Posicione os dois círculos com os lados direitos juntos, alfinete e alinhave em torno da circunferência. Prenda com uma costura de 1 cm, deixando espaço para virar. Para o acabamento das curvas, faça piques na folga da costura para que fique plana, depois vire o paninho para o lado direito. Vire a folga da costura sobre o espaço não costurado e feche com pontos invisíveis. Pesponte em volta.

2

Posicione a forma externa no centro do paninho. Corte as fitas externas, onze verdes e onze brancas (cores opcionais), dobre ao meio e posicione em volta do paninho, com as pontas dobradas na borda do paninho. Trabalhe em torno de cada círculo para formar o desenho, alternando cores e sobrepondo as fitas. Alfinete as fitas umas nas outras, mas não no paninho. Alinhave perto da borda sem acabamento das fitas.

3

Retire as fitas do paninho e aplique o viés nas bordas sem acabamento das fitas, utilizando o Método 1. Vire as pontas do viés para dentro para arrematar. Alfinete e alinhave o círculo de fita ao paninho. Pesponte ao longo da borda superior do viés.

4

Corte doze fitas internas, seis verdes e seis brancas, para o círculo interno e repita a operação anterior, utilizando a forma interna e prendendo com viés. Posicione no centro do paninho e pesponte ao longo da borda superior do viés.

TÉCNICAS

Para fazer suas próprias roupas, você precisa aprender algumas técnicas básicas de costura. Saber fazer bainha, acabamento com fita de viés, usar lastex, colocar um zíper ou um colchete permite que você dê aos projetos de costura um acabamento profissional. As técnicas compartilhadas aqui serão muito úteis — você será capaz não apenas de fazer novas criações, mas também de consertar velhas roupas favoritas que estejam caindo aos pedaços ou esquecidas no seu guarda-roupa.

TIPOS DE COSTURA

Costura francesa

Com a costura francesa você pode embutir as bordas do tecido na costura, para que elas não desfiem, dispensando o uso do overloque, que teria essa mesma função.

1. Posicione o tecido com os lados avessos juntos. Faça uma costura a uma distância de 0,5 cm. Em seguida, corte o excesso desfiado do tecido, para não fazer volume na costura.

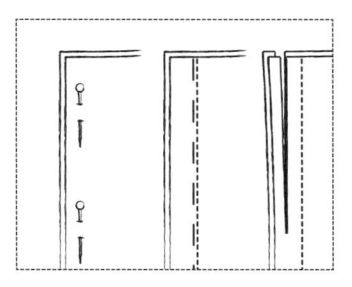

2. Dobre o tecido sobre si mesmo, de forma que os lados direitos fiquem juntos e a linha de costura fique na borda da dobra. Faça uma costura de 1 cm a máquina e vire o lado direito para fora. Passe as costuras a ferro.

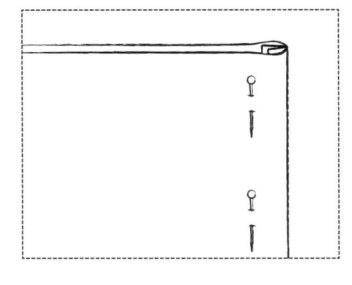

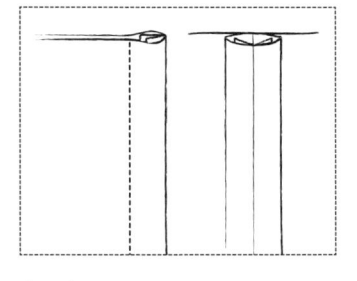

Acabamento para curvas

Quando costura-se em curva (em decotes, golas, cavas etc.) é preciso aparar as folgas do tecido para reduzir o seu volume e ter um acabamento plano. Para isso, são feitos pequenos cortes (piques) na folga do tecido. Estes cortes devem ser triangulares e quase tocar a linha da costura. A folga da costura de um contorno côncavo — por exemplo num decote — é cortada até logo acima dos pontos, em intervalos regulares. Para um contorno convexo, é preciso cortar pequenas fendas triangulares na folga da costura, até pouco acima dos pontos, com uma distância de aproximadamente 12 mm entre elas. Isto irá garantir um resultado suave e plano quando o tecido for virado para o lado certo.

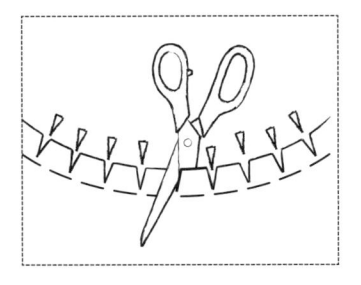

Aplicar fita de viés

A fita de viés é um tecido cortado enviesado que tem as bordas dobradas para dentro. A função de um viés é embutir a borda sem acabamento, ou a costura, para impedir que o tecido desfie. O viés existe em diversas qualidades e larguras e é feito de materiais como algodão, poliéster e cetim. Muitos projetos deste livro utilizam a fita de viés, que por ser cortada de modo oblíquo é ligeiramente flexível. Escolha algodão para um visual informal e cetim para um acabamento mais luxuoso. Você pode comprar a fita pronta num armarinho ou fazê-la com um tecido de sua escolha.

MÉTODO 1

1. Abra a fita de viés. Posicione o lado direito (de fora) da fita do lado avesso do tecido, juntando as bordas e dobrando a ponta da fita, se for necessário, para

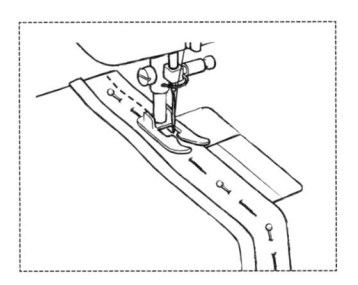

TÉCNICAS

ajustá-la. Alfinete e alinhave na posição desejada.

2. Costure os dois juntos (fita e tecido) a máquina ao longo da linha da dobra da fita de viés. Dobre a fita sobre as bordas sem acabamento do tecido e passe a costura a ferro.

3. Dobre para dentro a outra borda da fita de viés na linha da dobra, depois dobre a fita sobre as bordas do tecido. Alfinete e alinhave. Pesponte ao longo da borda da fita de viés a partir do lado direito do tecido. Faça pontos invisíveis nas pontas. O resultado é uma bainha exposta, em que metade do viés está no lado direito da peça e a outra metade no avesso.

MÉTODO 2

1. Da mesma maneira que no Método 1, mas aqui você irá posicionar o lado direito da fita de viés sobre o lado direito do tecido.

2. Dobre a borda da fita de viés na linha de dobra, depois dobre a fita sobre as bordas sem acabamento da costura. Alfinete e alinhave. Faça a bainha a mão, chuleando o viés na folga da costura de modo que os pontos não apareçam, ou, ainda, faça a costura a máquina. O resultado é um viés embutido.

PONTOS

Ponto invisível

Esse ponto é usado para unir duas bordas dobradas de tecido.

1. Passe a agulha através de uma borda dobrada até a parte de dentro da outra borda. Enfie a agulha por 6 mm e depois passe-a para o lado de fora.

2. Repita a operação.

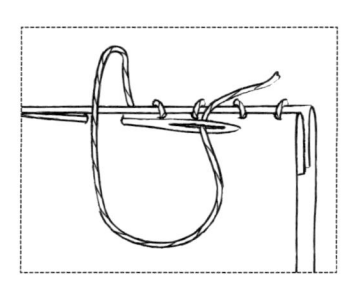

Chuleado

Este ponto é feito a mão e parece um ziguezague grande e folgado. Ele é utilizado para fazer bainha de calças, vestidos e saias, ou qualquer outro acabamento a mão, assim como para costurar uma parte de roupa na outra.

1. Prenda a linha na primeira parte do tecido e depois faça um pequeno ponto horizontal.

2. Passe a agulha e a insira na segunda parte do tecido. Faça outro pequeno ponto horizontal e depois volte para a primeira parte do tecido e repita. Não se deve puxar a linha com força.

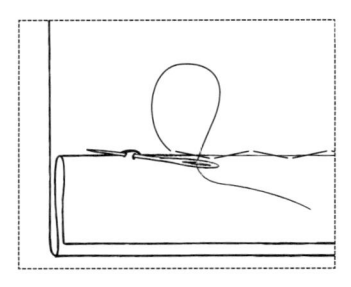

Costura rebatida

Este ponto também é conhecido como bainha aberta ou ponto *ajours*. É trabalhado sobre a borda do tecido na diagonal. Os espaços entre os pontos são regulares e devem ter a mesma profundidade. Costuma ser utilizado para dar acabamento num tecido para impedir que ele desfie — faça pontos razoavelmente profundos e trabalhe com eles próximos uns dos outros. Você também pode utilizá-lo para prender a ponta de uma alça na parte de dentro do forro de uma roupa ou de uma bainha, assegurando-se de que ele não apareça na frente da roupa. Utilize fio duplo para maior segurança.

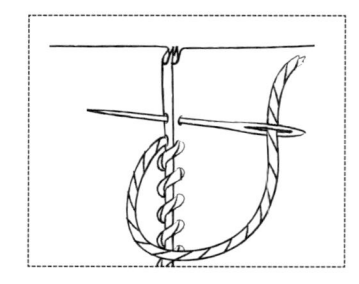

Pespontar

Pespontar é fazer pontos a máquina do lado direito da roupa. Pode ser útil para prender um bolso de retalho, ou decorativo. Algumas vezes é feito com uma linha grossa para realçar o efeito.

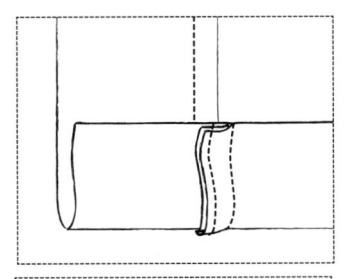

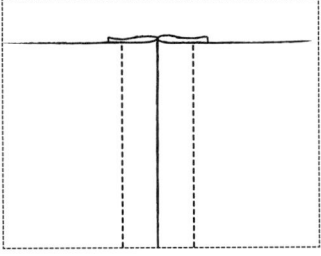

Uso do ferro para acabamento de costuras

O ferro de passar é usado para dar melhor acabamento às costuras. Passar o ferro sobre as costuras ajuda a acomodar o tecido e a desenhar o contorno do corpo, dando um melhor caimento à peça. Para isso, separe as duas partes do tecido com os dedos, abrindo o desenho da costura pelo avesso, e passe a ferro, na temperatura adequada ao tecido. Passar a ferro também é importante para marcar as bainhas, evitando erros e, assim, a necessidade de refazê-las.

ELÁSTICO

Inserir elástico numa bainha

Essa bainha simples é como um túnel por onde é inserido o elástico. Ela deve ser feita dobrando a borda do tecido.

1. Primeiro, vire a borda sem acabamento do tecido e passe a ferro. Depois, dobre mais alguns centímetros da borda do tecido para dentro. Essa segunda medida dependerá do tamanho do elástico que você pretende inserir na bainha. Passe a ferro. Alfinete, alinhave e costure a máquina ao longo da borda dobrada da bainha, deixando uma abertura para inserir o elástico.

2. Prenda um alfinete de segurança grande ou um grampo de cabelo a uma ponta do elástico e outro menor à outra ponta. Passe o alfinete de segurança menor através do túnel. Utilize o alfinete maior para segurar a outra ponta do elástico e impedir que ele desapareça dentro da bainha.

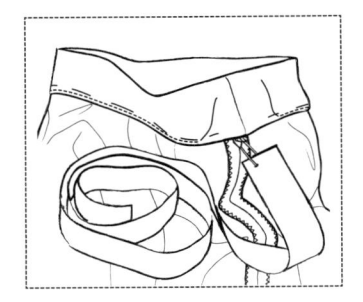

3. Sobreponha as pontas do elástico e costure a mão ou a máquina. Feche a abertura da bainha com uma costura.

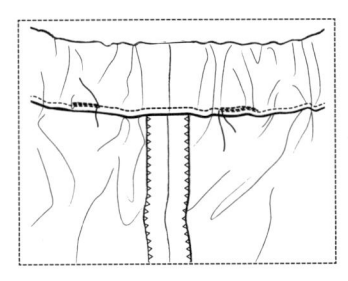

Costurar elástico diretamente no tecido

1. Escolha o local em que o elástico deve ser aplicado. Marque um ponto A (início) e um ponto B (final). Prenda uma ponta do elástico com um alfinete, no ponto A, posicionando a borda a 6 mm do ponto escolhido.

2. Estique o elástico e alfinete a outra ponta no ponto B.

3. Prenda o elástico ao longo do seu comprimento, colocando os alfinetes na mesma direção que a tira, de forma que a máquina possa passar sobre eles, e esticando o elástico para que

Técnicas

encaixe no espaço desejado. Quanto menor o elástico, mais enrugado será o efeito.

4. Passe a máquina, utilizando um ponto em ziguezague para costurar o elástico ao tecido, ou então um ponto reto de tamanho médio.

Franzir com lastex

Franzir é uma forma de enrugar o tecido utilizando linhas elásticas, como o lastex, em fileiras. O tecido franzido abraça o corpo e acompanha seu movimento, e pode ser usado em volta do busto, da cintura ou do quadril. Numa costura, a distância entre os pontos afeta o resultado final: quanto menor ela for, mais apertado será o franzido.

1. Enrole o lastex na bobina do mesmo modo que para uma linha normal, esticando-a levemente enquanto a enrola. Coloque a linha normal na agulha.

2. Ajuste o ponto da máquina para o número 3 (ponto médio). Teste o resultado num pedaço de tecido e, se necessário, reajuste a tensão.

3. Marque linhas paralelas para o franzido no lado direito da roupa. Costure, segurando o tecido para mantê-lo esticado e plano. Para arrematar a costura, costure de trás para a frente sobre os últimos pontos. Outra opção é usar uma agulha para levar a linha ao avesso do tecido e então dar um nó para prender. Quando acabar todas as linhas, costure a máquina sobre os nós para reforçá-los.

Técnicas de costura

Franzir o tecido

1. Ajuste o seletor da máquina para o maior comprimento de ponto. Faça uma costura de 1 cm na borda, criando um espaço para aplicar um cós ou uma fita de viés, deixando uma boa sobra de linha (pelo menos 5 cm) em cada ponta. É aconselhável que se tenha duas fileiras de pontos, com espaço de 0,5 mm entre elas para que, se uma delas quebrar no meio do trabalho, você possa continuar o franzido com a outra. Costure ainda uma outra fileira a 6 mm da borda.

2. Puxe a(s) sobra(s) de linha para franzir o tecido até o comprimento desejado, assegurando-se de que os franzidos estejam igualmente distribuídos. Para manter o tecido franzido no comprimento desejado, dê nós nas extremidades, uma vez que o franzido estiver terminado.

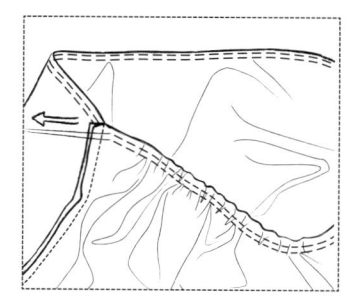

Bainha

Para fazer uma bainha simples e estreita num tecido leve, vire para dentro 6 mm do tecido (ou o tamanho desejado) e passe a ferro. Vire outra vez o tecido no tamanho desejado para a bainha e costure a máquina. Passe a costura a ferro.

Para uma bainha mais larga em tecidos de peso médio e pesados, marque a profundidade da bainha, dobre o tecido para dentro e passe a ferro. Vire 6 mm para ajustar a borda sem acabamento e depois passe a ferro para arrematar. Dê acabamento pespontando a 3 mm da dobra ou fazendo pontos invisíveis.

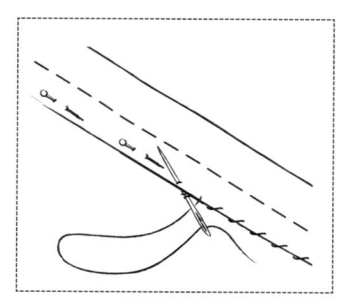

Alça fina

Saber fazer uma alça fina (tubular) é muito útil. Permite criar alças tiracolo ou laços, no tecido que você escolher. Basta cortar uma tira de tecido no comprimento e na largura que quiser e acrescentar uma sobra de 6 mm em cada borda.

MÉTODO 1

1. Dobre a alça ao meio com os lados direitos juntos. Alfinete, alinhave e costure a máquina as bordas e uma das pontas da alça com costuras de 6 mm. Deixe a outra ponta aberta. Apare as costuras.

2. Prenda um alfinete de segurança na ponta costurada, depois comece a empurrar o alfinete para dentro do tubo da alça. Sentindo o alfinete pelo lado de fora, continue a empurrá-lo através do tubo de tecido, alisando o tecido à medida que ele levantar, até que o alfinete saia na ponta ainda aberta.

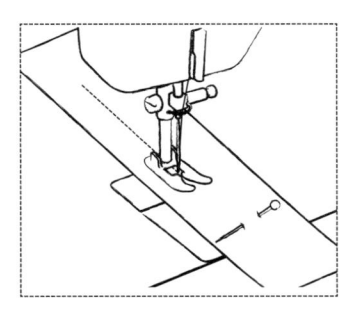

3. Remova o alfinete e passe a alça a ferro. Vire para dentro as pontas abertas e junte com pontos invisíveis.

MÉTODO 2

1. Corte uma peça de fio do mesmo comprimento que a alça. Dobre a alça ao meio, com os lados direitos juntos e o fio do lado de dentro. Alfinete e alinhave uma ponta, prendendo o fio, e continue ao longo da borda sem acabamento da alça. Deixe a outra ponta aberta.

2. Faça uma costura de 6 mm, assegurando-se de que não vai prender o fio. Apare as costuras. Puxe o fio para virar o lado direito da alça para fora. Remova o fio. Vire para dentro as pontas abertas e costure com pontos invisíveis.

FECHOS

Zíper

Zíperes de diferentes pesos e tipos são utilizados para fechar calças, bolsos, jaquetas, vestidos e saias. Também podem servir para enfeitar. Com um pouco de prática, você irá descobrir que colocar um zíper não é um desafio tão grande quanto você pensava!

ZÍPER INVISÍVEL

O zíper invisível é feito com uma costura aberta — as duas peças de roupa permanecem separadas — e a costura só deve ser feita quando o zíper já tiver sido inserido. Você irá precisar de um calcador especial para zíper invisível e um padrão para zíper para a máquina de costura. Se for preciso, aplique uma fita de viés nas bordas sem acabamento da roupa ao longo da costura onde o zíper foi inserido.

1. Estenda a peça de roupa da direita com o lado direito do tecido por cima. Abra o zíper. Posicione um lado do zíper voltado para baixo sobre a roupa. A parte de cima do zíper deve estar logo abaixo do que será a cintura horizontal ou a linha de costura do decote e os dentes do zíper devem se estender ao longo da linha de costura vertical. Alfinete e alinhave. Com o calcador para zíper invisível sobre a bobina, costure da borda superior ao cursor. Chuleie para prender. Faça o outro lado do zíper.

2. Feche o zíper. Com as duas peças de roupa com os lados direitos juntos, alfinete e alinhave a costura embaixo do zíper. Coloque na

Técnicas

máquina o calcador para zíper padrão. Comece a costurar logo acima e à esquerda dos pontos que prendem o zíper e complete a costura.

ZÍPER PADRÃO

Para o zíper comum, você precisará de um calcador, para ser possível costurar perto dos dentes do zíper. Será preciso ajustar o calcador à agulha para costurar o lado esquerdo ou o direito do zíper.

1. Na costura onde o zíper será inserido, posicione as peças de roupa com os lados direitos juntos. Marque a profundidade do zíper. O final do fecho deverá ficar 6 mm abaixo da linha de costura. Alfinete, alinhave e faça uma costura a máquina, 16 mm abaixo da marca do zíper. Passe a ferro para abrir essa costura e siga com o ferro marcando as bordas abertas em que o zíper será inserido.

2. Alfinete o zíper fechado, com o lado direito para cima, sobre o avesso da roupa, com as bordas de abertura dobradas se encontrando no centro do zíper fechado. Alinhave.

3. Trabalhando de cima para baixo, costure a roupa a máquina ao longo de um lado do zíper até o final do fecho. Costure a fita do zíper à roupa e repita a operação do outro lado.

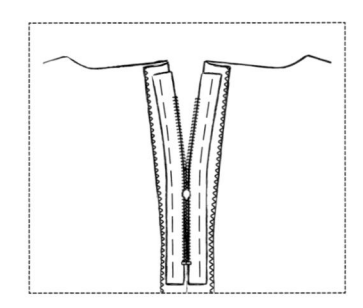

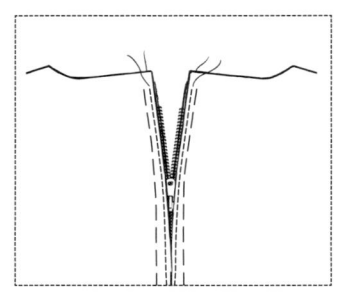

Colchete

Esse fecho de duas partes consiste de um gancho de metal e de uma presilha (olhal). Uma de suas utilidades é fechar o pequeno espaço que sobra num decote ou num cós, acima do zíper. Costure a mão o gancho de um lado e a presilha do outro.

CASA DE BOTÃO DE LINHA

Você pode fazer um fechamento simples para duas bordas com acabamento costurando um botão em uma borda e uma casa de linha na outra. É o mesmo princípio do colchete.

1. Primeiro faça o laço. Marque o começo e o final da casa no tecido. Enfie linha na agulha e junte as pontas com um nó, para trabalhar com linha dupla. Tire a agulha na primeira marca, depois a insira na segunda, passando por baixo do tecido e tirando-a de novo na primeira marca. Puxe suavemente, para criar um laço longo o suficiente para o botão.

2. Agora faça a casa de linha. Prenda a linha no tecido na primeira marca do laço. Em seguida, coloque o dedo no laço para criar uma tensão e passe a linha por dentro do laço, depois passe de novo dentro da própria linha, como se fosse dar um nó. Faça isso até cobrir o laço. Quando chegar ao fim, insira a agulha na segunda marca do laço e dê acabamento na linha na parte interna da roupa.

MOLDES

Os moldes para as roupas são apresentados em três tamanhos: pequeno (tamanho 40–42), médio (tamanho 44–46) e grande (tamanho 48–50). O pequeno está impresso em preto, o médio em vermelho e o grande em azul. As bolsas e o paninho de mesa são tamanho único.

Ampliar os moldes

Os moldes foram reduzidos em escala para caberem no livro. Antes que você possa usá-los, precisarão ser ampliados. Os moldes são impressos num papel quadriculado (*grid*) para facilitar. Eles têm 1/6 do tamanho verdadeiro, portanto, precisam ser ampliados em 600%. Você pode fazer essa ampliação numa fotocopiadora ou usar o guia quadriculado. Cada quadrado do *grid* representa um quadrado de 6 x 6 cm no tamanho real. Compre papel quadriculado para moldes de costura e estabeleça uma escala com quadrados de 6 x 6 cm. Numere os quadrados para corresponder aos quadrados do molde. Agora desenhe a forma de cada peça do molde, acompanhando cada quadrado do livro e reproduzindo no papel. Assim, você poderá esboçar a forma de cada peça com precisão.

Transfira para o seu desenho quaisquer marcações dos moldes do livro, como bolsos, fendas e marcas de corte. Uma vez prontos, recorte os moldes de tamanho real.

Granulação do tecido

Um tecido é composto de dois conjuntos de fios, urdume e trama, que são tecidos juntos em ângulos retos. Isso cria uma granulação reta, no comprimento e na largura. Ao longo de cada borda no comprimento do tecido, há uma alça apertada chamada ourela.

A forma como o molde será posicionado, e o tecido cortado, afetará a elasticidade e o caimento da roupa quando estiver pronta, então é importante posicioná-lo corretamente. Em muitos moldes lê-se: "Posicione na direção do fio do tecido". Esse fio contém muito pouca elasticidade. Para preparar o tecido para as peças dos moldes, dobre-o ao meio no sentido do comprimento, para que as ourelas fiquem juntas.

Posicionar o molde

1. Dobre a peça de tecido ao meio no sentido do comprimento, de forma que as ourelas fiquem juntas.

2. As peças dos moldes deverão ser posicionadas no fio do tecido (geralmente no sentido do comprimento). Procure a seta com duas pontas que indicam a maneira correta de posicionar cada molde.

3. Moldes que precisem ser posicionados na dobra do tecido são indicados com uma seta dupla virada para cima em ângulos retos. Posicione a borda do molde, onde estiver marcado, sobre a dobra.

4. Alfinete as peças dos moldes na posição. Transfira as marcações significativas para as duas camadas de tecido.

Transferir marcações dos moldes para o tecido

Será preciso transferir diversas marcações dos moldes para o tecido, por exemplo, para mostrar a posição de um bolso. No molde, esses podem aparecer como pontilhados ou pontos. Existem diversos métodos de marcação.

Alinhavo de alfaiate

Estes são pontos especiais feitos a mão através do molde e das duas camadas de tecido, para tecidos que não podem ser lavados. Retire o molde depois do alinhavo, depois corte os pontos deixando pedaços de fio em cada camada de tecido. Este é um método antigo, pouco usado hoje em dia.

Giz de alfaiate

Utilize o giz para desenhar. É possível apagá-lo, quando necessário. A cor do giz deve ser parecida com a cor do tecido. Não é aconselhável usar um giz forte para uma roupa clara ou um giz branco para uma roupa escura.

Marcador de tecido apagável

Teste antes de usar; melhor usar no avesso do tecido.

Papel-carbono para tecido e carretilha

Posicione o papel no avesso do tecido e passe a carretilha com as marcações.

Saia com Aba Abotoada

Corte o tecido dobrado

Posicione no fio do tecido

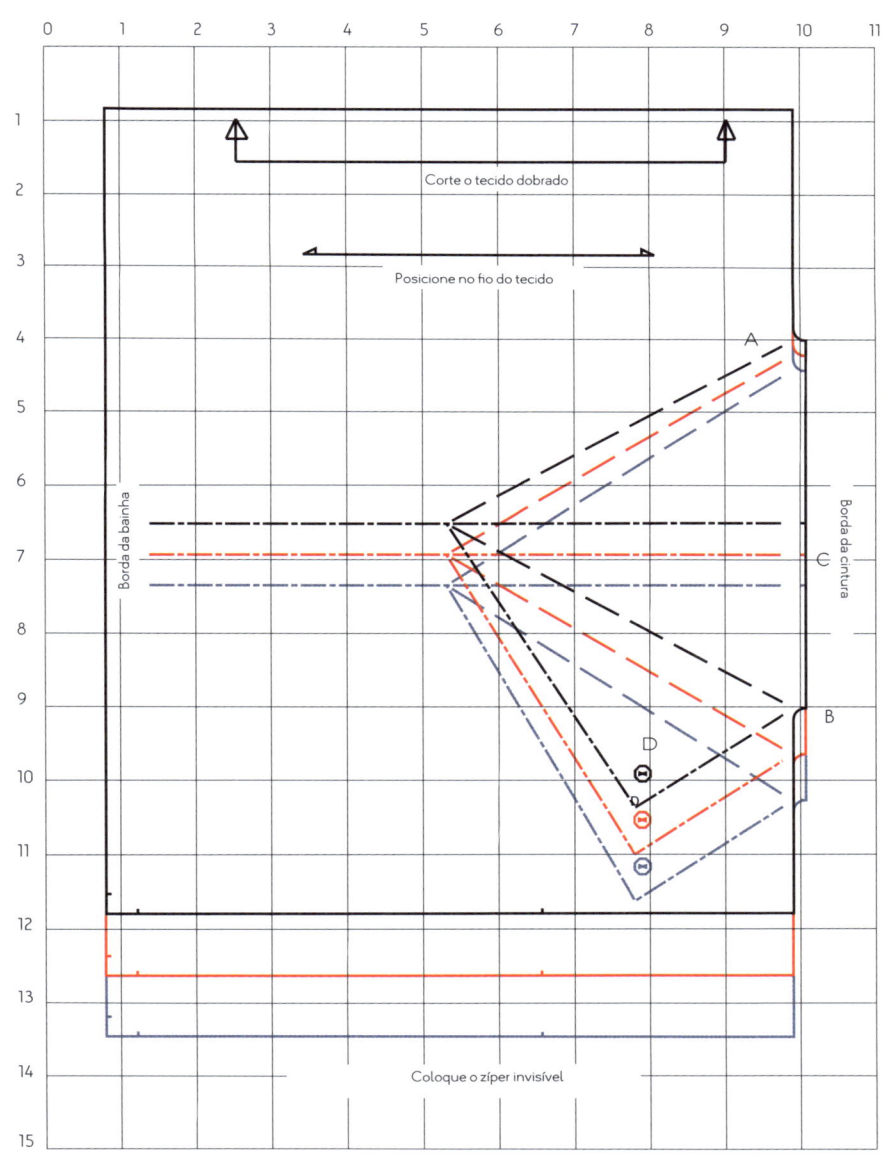

Borda da bainha

Borda da cintura

Coloque o zíper invisível

NOTAS DO MOLDE

Saia
A parte de frente e a de trás constituem uma única peça. Posicione o molde na dobra do tecido para recortá-lo.

Aba
Para criar a aba, utilize as linhas pontilhadas. Com os lados direitos juntos, dobre de B para A. Faça uma costura na parte de cima da aba. Vire a aba com o lado direito para fora e dobre de C para D.

Prenda a aba na parte de trás da saia com um botão.

FOLGAS DA COSTURA

As seguintes folgas da costura estão incluídas:
Costura traseira: 16 mm
Bainha: 2,5 cm

Moldes 81

Bolsa Estilosa

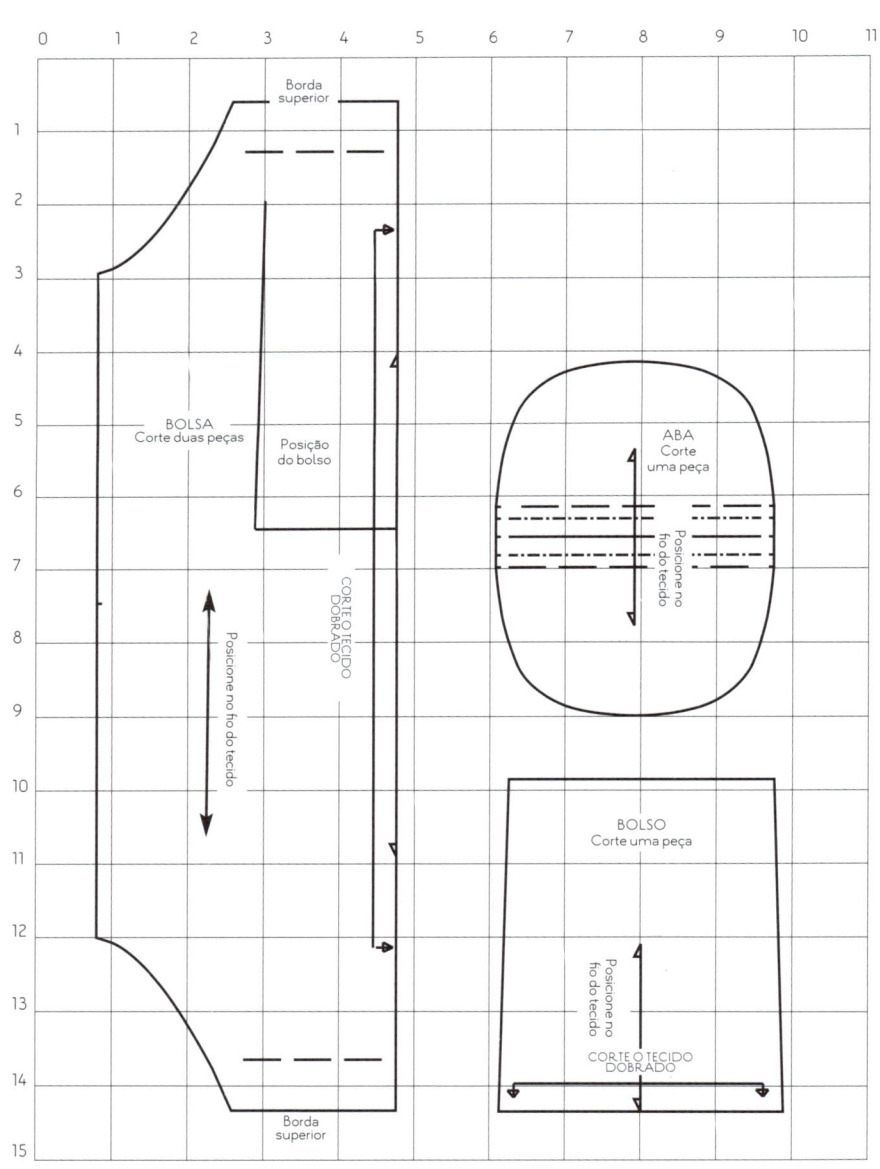

NOTAS DO MOLDE

Bolsa
Corte duas peças, uma para a bolsa e uma para o forro. Marque a posição do bolso apenas na frente da bolsa.

Aba do bolso
Dobre ao meio ao longo da linha contínua com os lados avessos juntos, de forma que as linhas pontilhadas fiquem juntas.

Bordas superiores da bolsa
Para prender as alças na bolsa, dobre cada borda superior em torno de uma alça e costure.

FOLGAS DA COSTURA

As seguintes folgas da costura estão incluídas:
Bolsa e forro: 16 mm em todas as bordas
Bolso e aba: nenhuma (bordas cobertas com fitas de viés).

82 Um Pedaço de Tecido

Gola com Babados

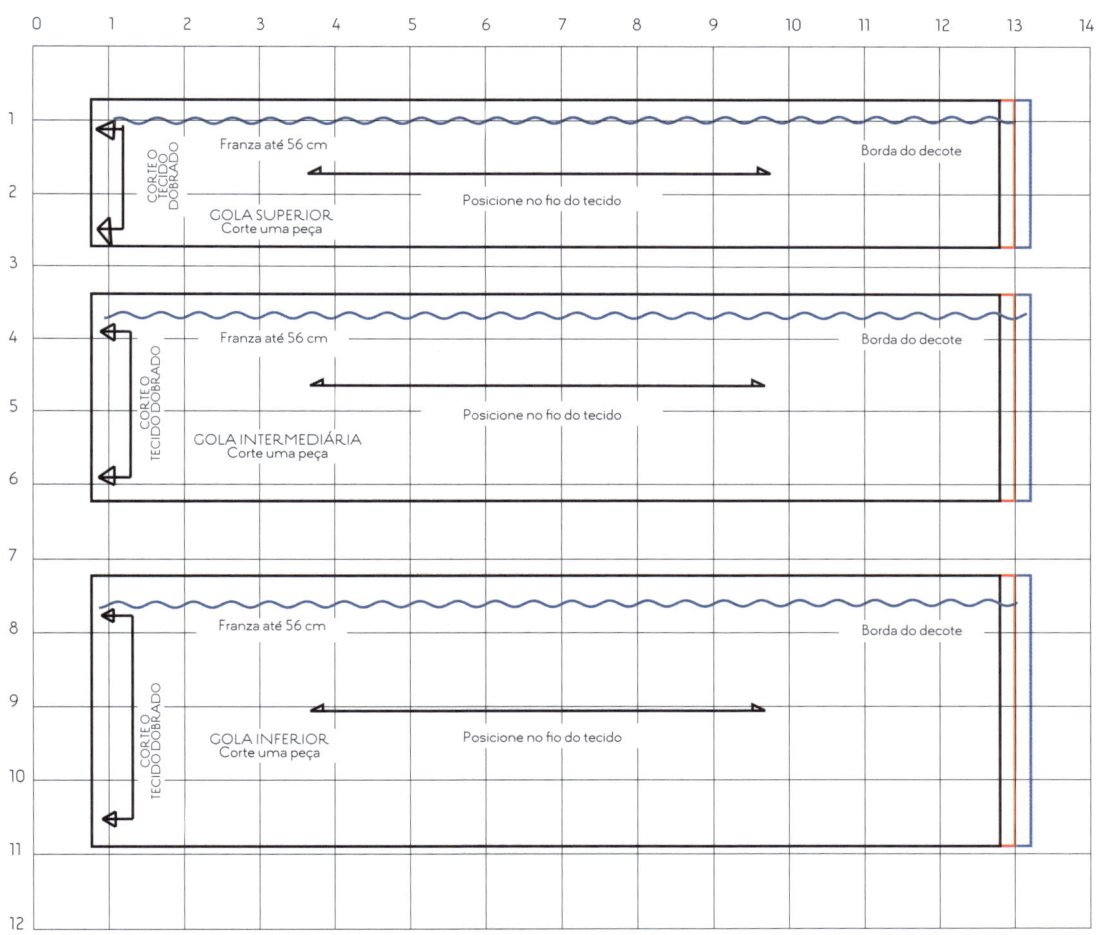

(pattern piece 1, rows 1–3)
- CORTE O TECIDO DOBRADO
- Franza até 56 cm
- GOLA SUPERIOR — Corte uma peça
- Posicione no fio do tecido
- Borda do decote

(pattern piece 2, rows 4–6)
- CORTE O TECIDO DOBRADO
- Franza até 56 cm
- GOLA INTERMEDIÁRIA — Corte uma peça
- Posicione no fio do tecido
- Borda do decote

(pattern piece 3, rows 8–11)
- CORTE O TECIDO DOBRADO
- Franza até 56 cm
- GOLA INFERIOR — Corte uma peça
- Posicione no fio do tecido
- Borda do decote

FOLGAS DA COSTURA

As seguintes folgas da costura estão incluídas:
Borda do decote: nenhuma (as bordas são cobertas com fitas de viés)
Bainha nas outras bordas: 12 mm

Blusa com Laço de Renda

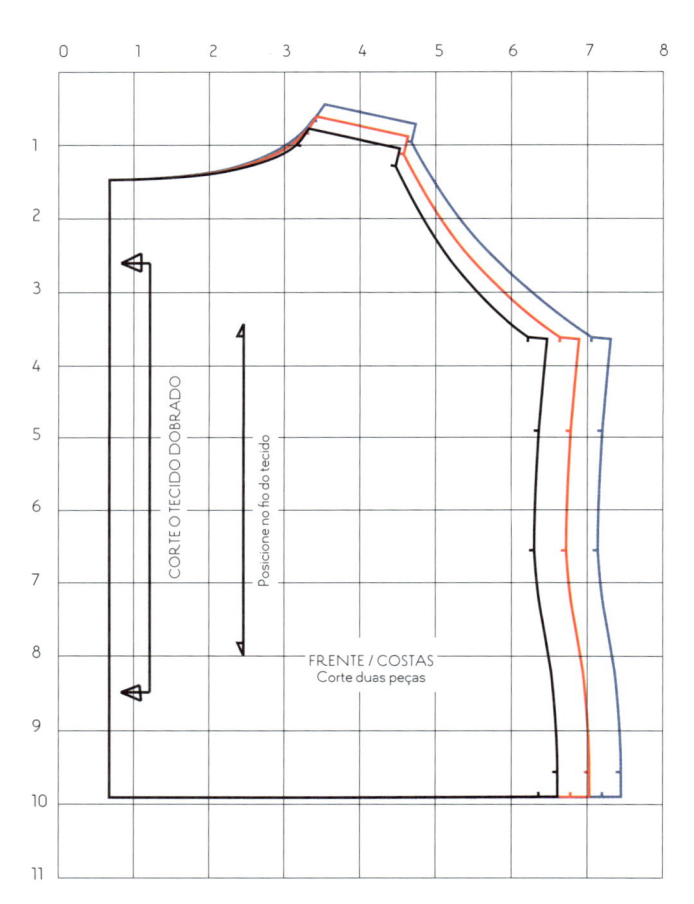

FOLGAS DA COSTURA

As seguintes folgas da costura estão incluídas:
Costura do ombro: 16 mm
Costura lateral: 16 mm
Decote e cava: 12 mm
Bainha: 2 cm

CORTE O TECIDO DOBRADO
Posicione no fio do tecido

FRENTE / COSTAS
Corte duas peças

Biquíni Triangular

FOLGAS DA COSTURA

As seguintes folgas da costura estão incluídas:
Bojos do sutiã, todas as bordas: 1 cm
Alças do sutiã, todas as bordas: 6 mm
Tira do sutiã, todas as bordas: 1 cm
Calcinha, todas as bordas: 1 cm
Cós, todas as bordas: 1 cm

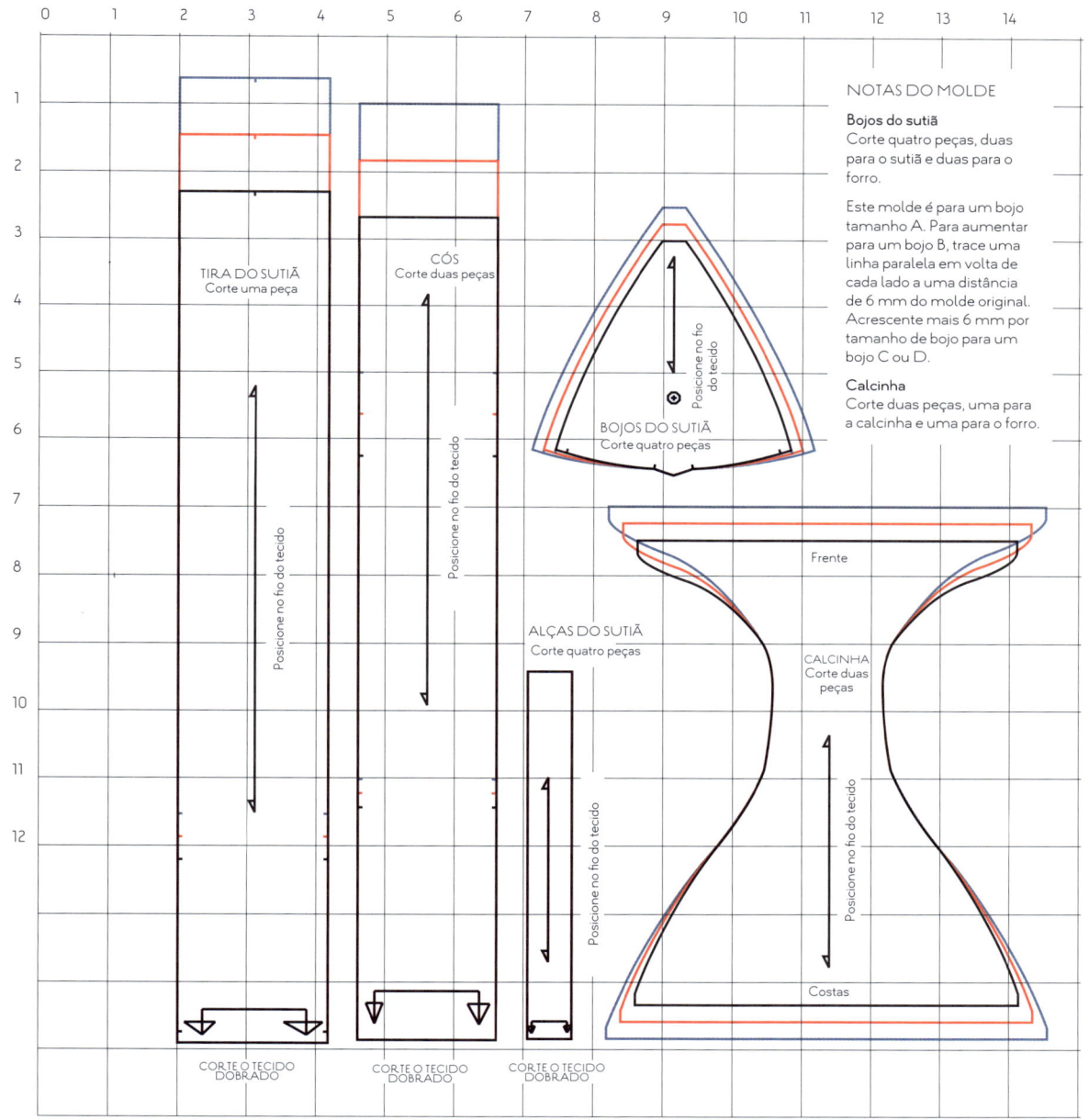

NOTAS DO MOLDE

Bojos do sutiã
Corte quatro peças, duas para o sutiã e duas para o forro.

Este molde é para um bojo tamanho A. Para aumentar para um bojo B, trace uma linha paralela em volta de cada lado a uma distância de 6 mm do molde original. Acrescente mais 6 mm por tamanho de bojo para um bojo C ou D.

Calcinha
Corte duas peças, uma para a calcinha e uma para o forro.

TIRA DO SUTIÃ
Corte uma peça

CÓS
Corte duas peças

BOJOS DO SUTIÃ
Corte quatro peças

ALÇAS DO SUTIÃ
Corte quatro peças

CALCINHA
Corte duas peças

Frente

Costas

Posicione no fio do tecido

CORTE O TECIDO DOBRADO

Moldes 85

Saia-calça Charmosa

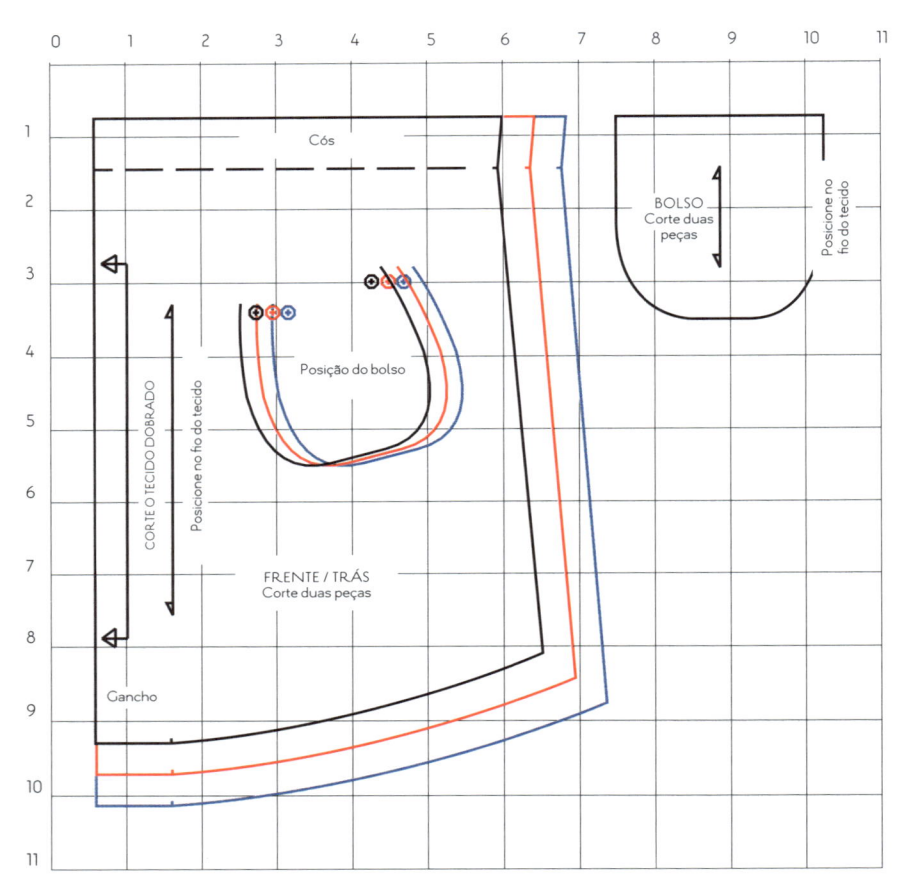

NOTAS DO MOLDE

Bolso
Há somente um bolso. Corte duas peças, uma para o bolso e outra para o forro. Marque a posição do bolso somente na parte da frente da saia-calça, apenas do lado esquerdo.

Cós
Na borda do cós, dobre 4 cm e, na borda sem acabamento, dobre para dentro 6 mm. Isso forma uma bainha para inserir o elástico.

Gancho
Há uma marca no molde para indicar onde termina o gancho e começa a abertura para a perna.

Folgas da costura
As seguintes folgas da costura estão incluídas:
Costura lateral: 16 mm
Bainha do cós: 4 cm
Bainha inferior e gancho: 12 mm
Bolso, todas as bordas: 1 cm

Gola de Princesa

FOLGAS DA COSTURA

As seguintes folgas da costura estão incluídas:
Forro da gola, todas as bordas: 1 cm
Gola superior, todas as bordas: 1 cm
Gola inferior, todas as bordas: 1 cm

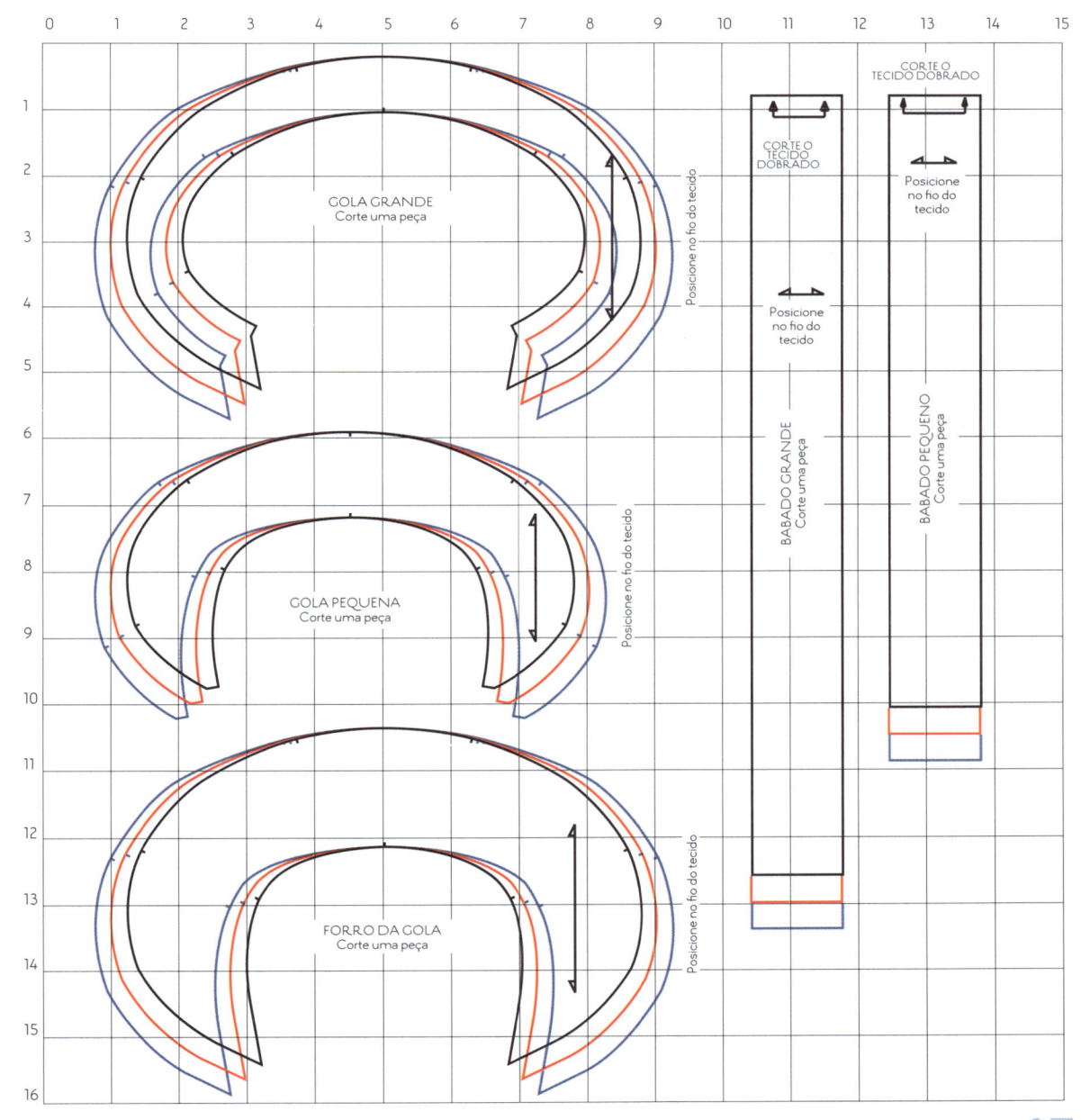

GOLA GRANDE
Corte uma peça

GOLA PEQUENA
Corte uma peça

FORRO DA GOLA
Corte uma peça

BABADO GRANDE
Corte uma peça
CORTE O TECIDO DOBRADO
Posicione no fio do tecido

BABADO PEQUENO
Corte uma peça
CORTE O TECIDO DOBRADO
Posicione no fio do tecido

Posicione no fio do tecido

Moldes 87

Vestido de Verão

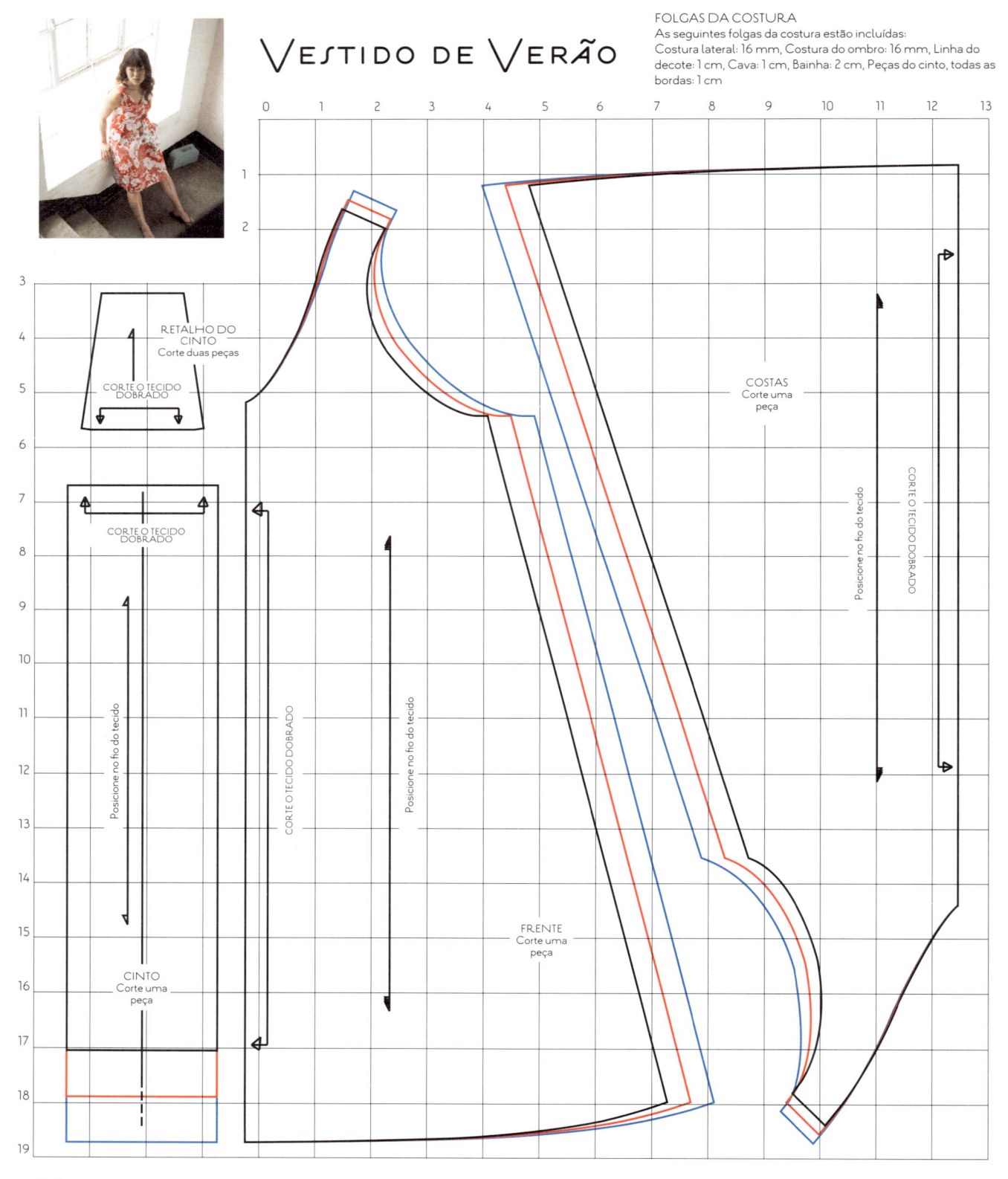

FOLGAS DA COSTURA
As seguintes folgas da costura estão incluídas:
Costura lateral: 16 mm, Costura do ombro: 16 mm, Linha do decote: 1 cm, Cava: 1 cm, Bainha: 2 cm, Peças do cinto, todas as bordas: 1 cm

RETALHO DO CINTO
Corte duas peças
CORTE O TECIDO DOBRADO

CINTO
Corte uma peça
CORTE O TECIDO DOBRADO
Posicione no fio do tecido

COSTAS
Corte uma peça
CORTE O TECIDO DOBRADO
Posicione no fio do tecido

FRENTE
Corte uma peça
CORTE O TECIDO DOBRADO
Posicione no fio do tecido

88 Um Pedaço de Tecido

Biquíni Tomara que caia

FOLGAS DA COSTURA

As seguintes folgas da costura estão incluídas:
Sutiã, bordas curtas: 1 cm
Sutiã, bordas longas: 2 cm
Calcinha, gancho e laterais: 1 cm
Calcinha, cintura e pernas: 1 cm

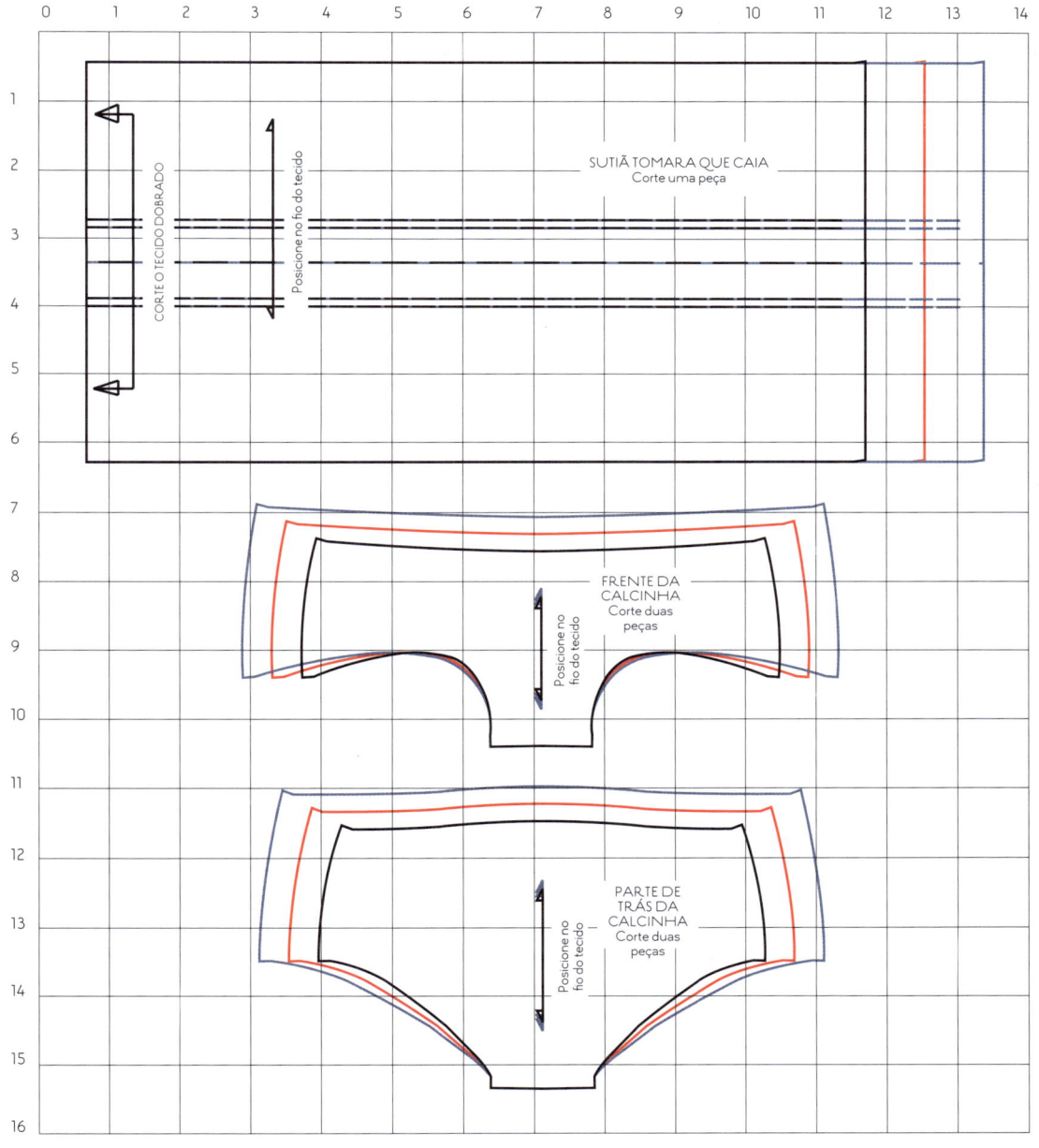

SUTIÃ TOMARA QUE CAIA
Corte uma peça

FRENTE DA CALCINHA
Corte duas peças

PARTE DE TRÁS DA CALCINHA
Corte duas peças

MOLDES 89

Vestido Tomara que caia

FOLGAS DA COSTURA

As seguintes folgas da costura estão incluídas:
Costura lateral: 16 mm
Bainha superior (busto): 7 cm
Bainha do vestido: 2,25 cm
Cinto, todas as bordas: 1 cm

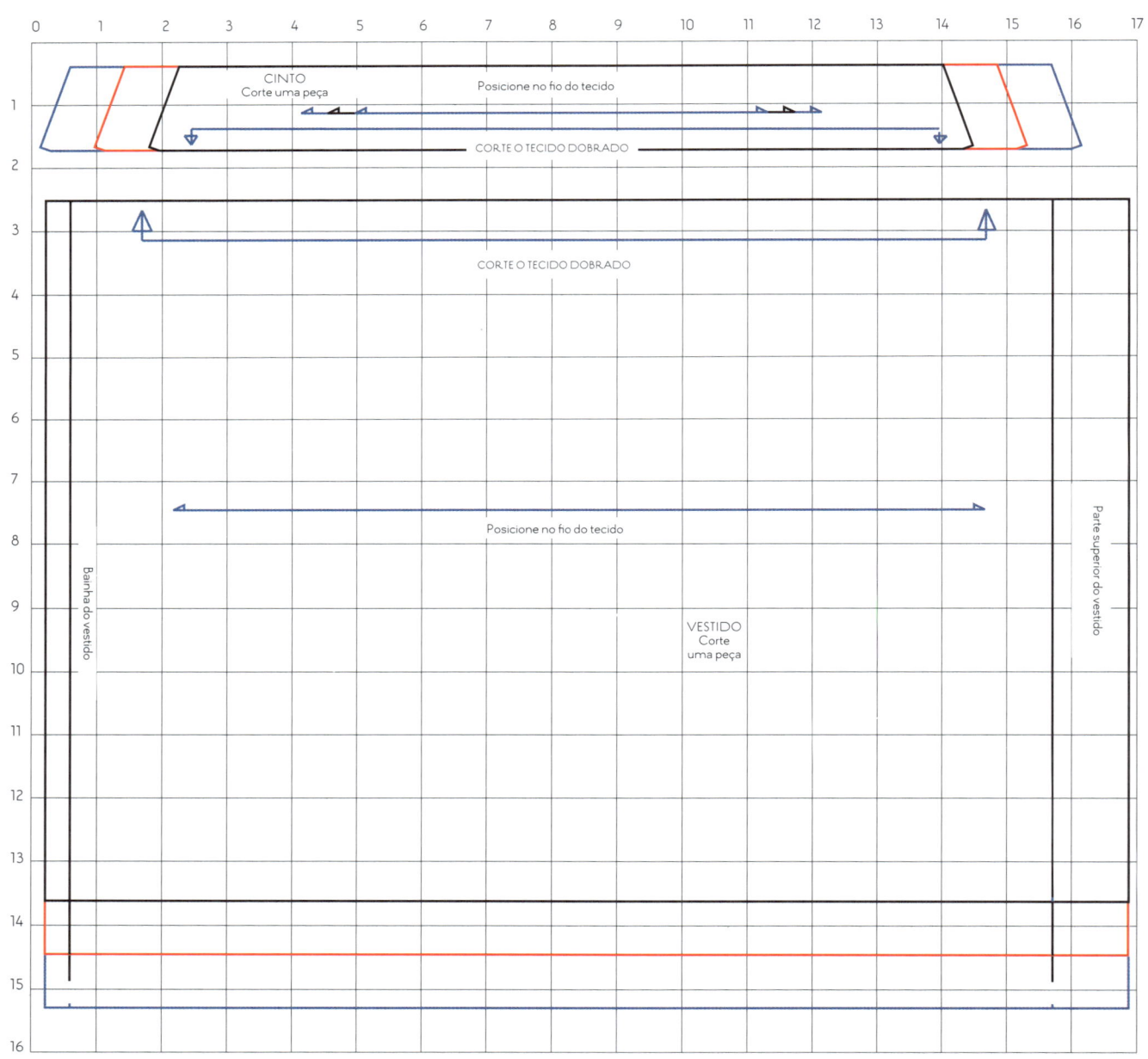

Bolsa a Tiracolo

FOLGAS DA COSTURA

As seguintes folgas da costura estão incluídas:
Bolsa: 1 cm
Bolso: 1 cm

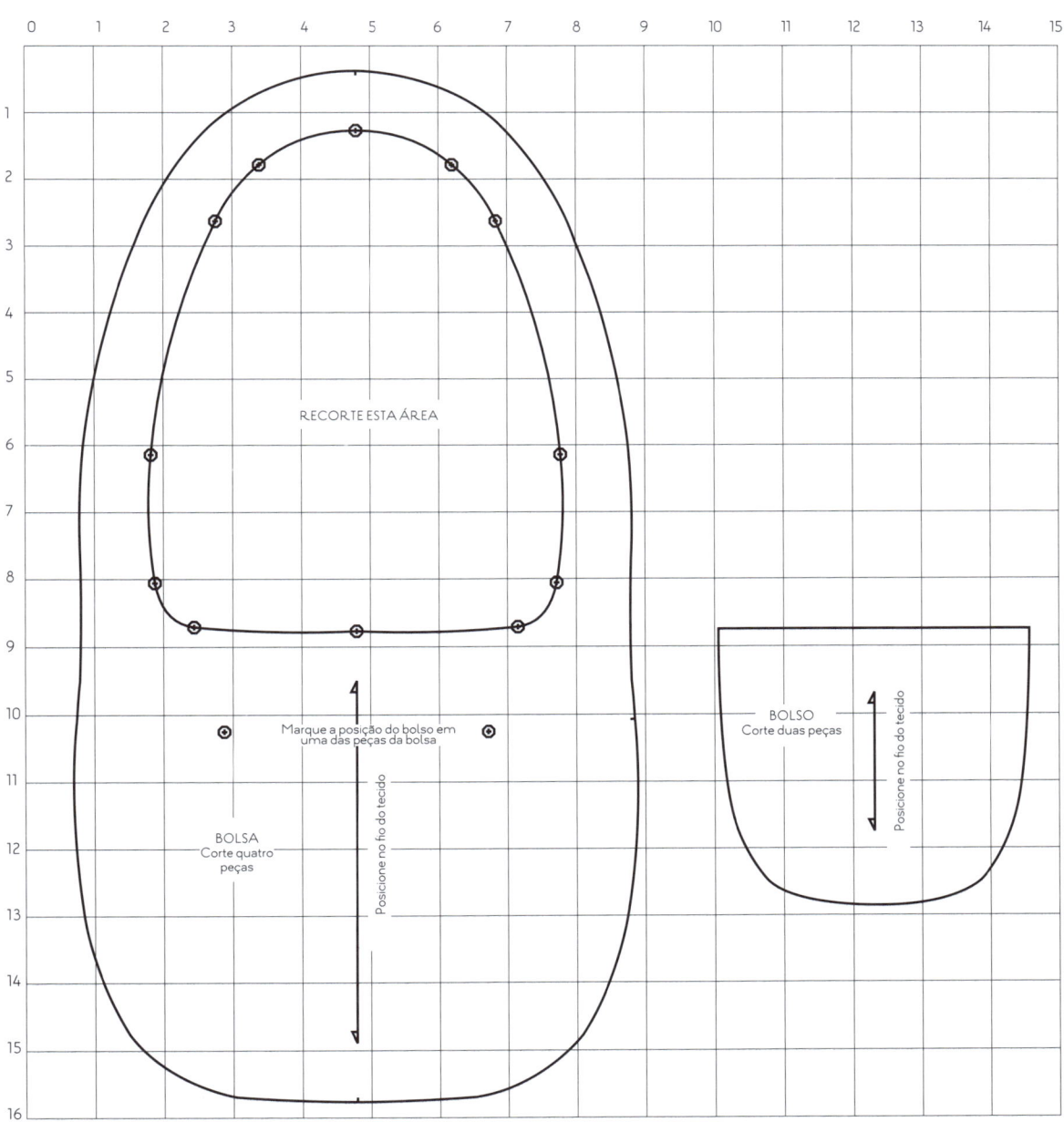

RECORTE ESTA ÁREA

Marque a posição do bolso em uma das peças da bolsa

BOLSA
Corte quatro peças

Posicione no fio do tecido

BOLSO
Corte duas peças

Posicione no fio do tecido

Moldes 91

Cinto com Flor de Fuxico

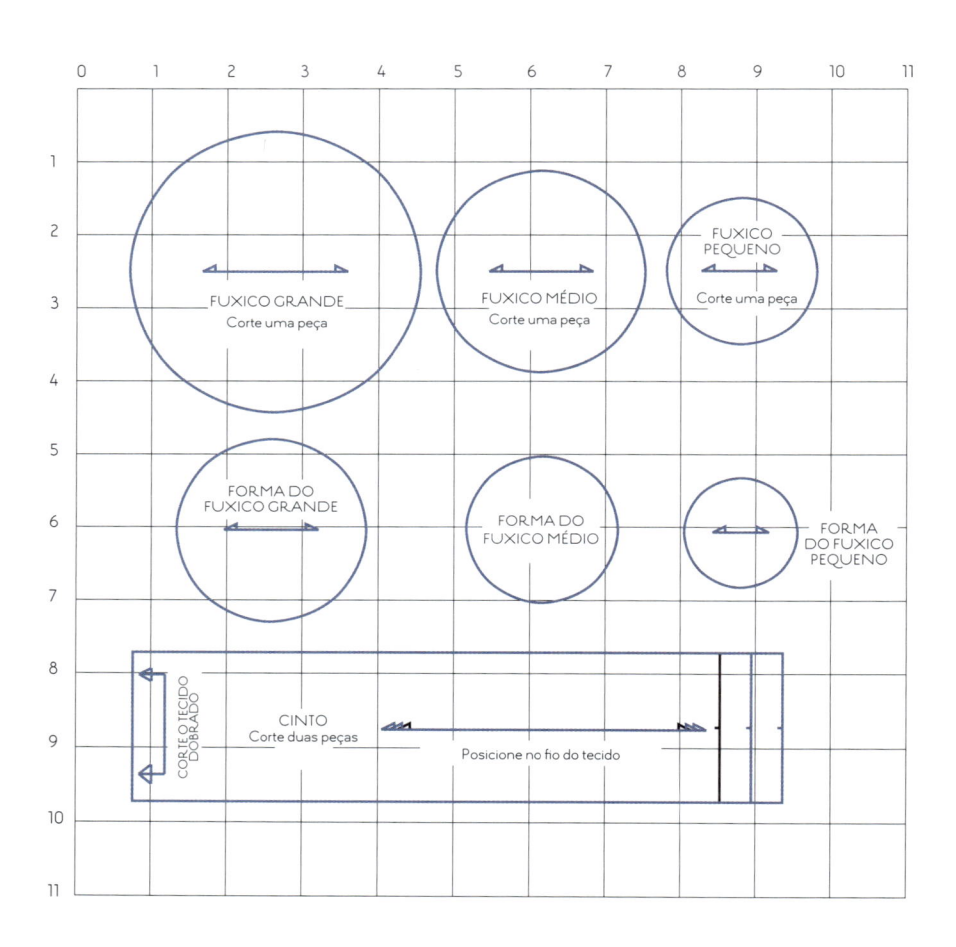

NOTAS DO MOLDE

Formas
Há uma forma para cada fuxico. Recorte-os em papelão e utilize-os para ajudar a dar forma à flor de fuxico.

FOLGAS DA COSTURA

As seguintes folgas da costura estão incluídas:
Cinto, todas as bordas: 1 cm

FUXICO GRANDE
Corte uma peça

FUXICO MÉDIO
Corte uma peça

FUXICO PEQUENO
Corte uma peça

FORMA DO FUXICO GRANDE

FORMA DO FUXICO MÉDIO

FORMA DO FUXICO PEQUENO

CORTE O TECIDO DOBRADO

CINTO
Corte duas peças
Posicione no fio do tecido

92 Um Pedaço de Tecido

BLUSINHA FRANZIDA

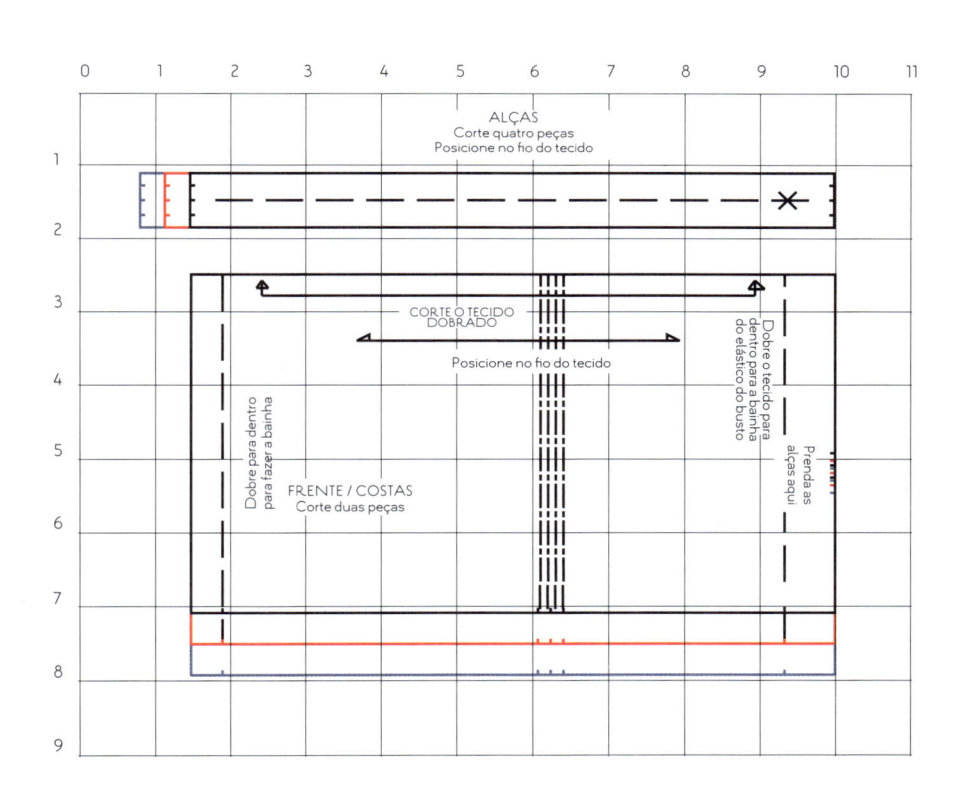

NOTAS DO MOLDE

Bainha da borda do busto
Na borda do busto, dobre 4 cm e passe a ferro. Depois dobre para dentro mais 6 mm e passe a ferro novamente. Isso forma a bainha para inserir o elástico.

FOLGAS DA COSTURA

As seguintes folgas da costura estão incluídas:
Costura lateral: 16 mm
Bainha da borda do busto: 4 cm
Bainha inferior: 2,5 cm
Alças, todas as bordas: 6 mm

MOLDES 93

Saia de Seda

NOTAS DO MOLDE

Bainha
Na borda da bainha, dobre 4 cm e passe a ferro, depois dobre para dentro 1 cm e passe a ferro novamente.
Isso forma uma bainha para inserir o elástico.

FOLGAS DA COSTURA

As seguintes folgas da costura estão incluídas:
Costura lateral: 16 mm
Costura da cintura: 1 cm
Bainha do cós: 4 cm
Cós, todas as bordas: 1 cm

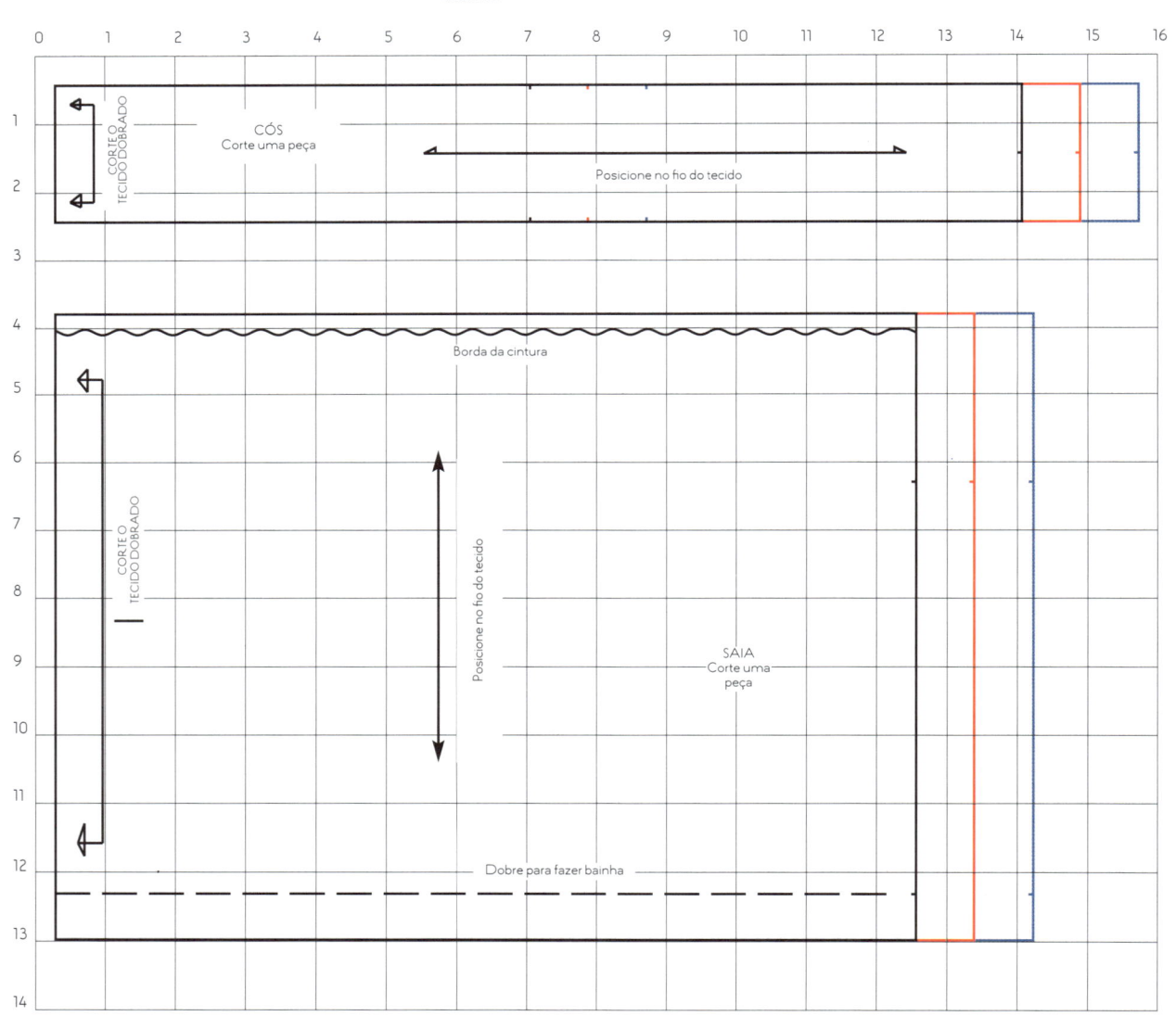

Paninho de Mesa de Festa

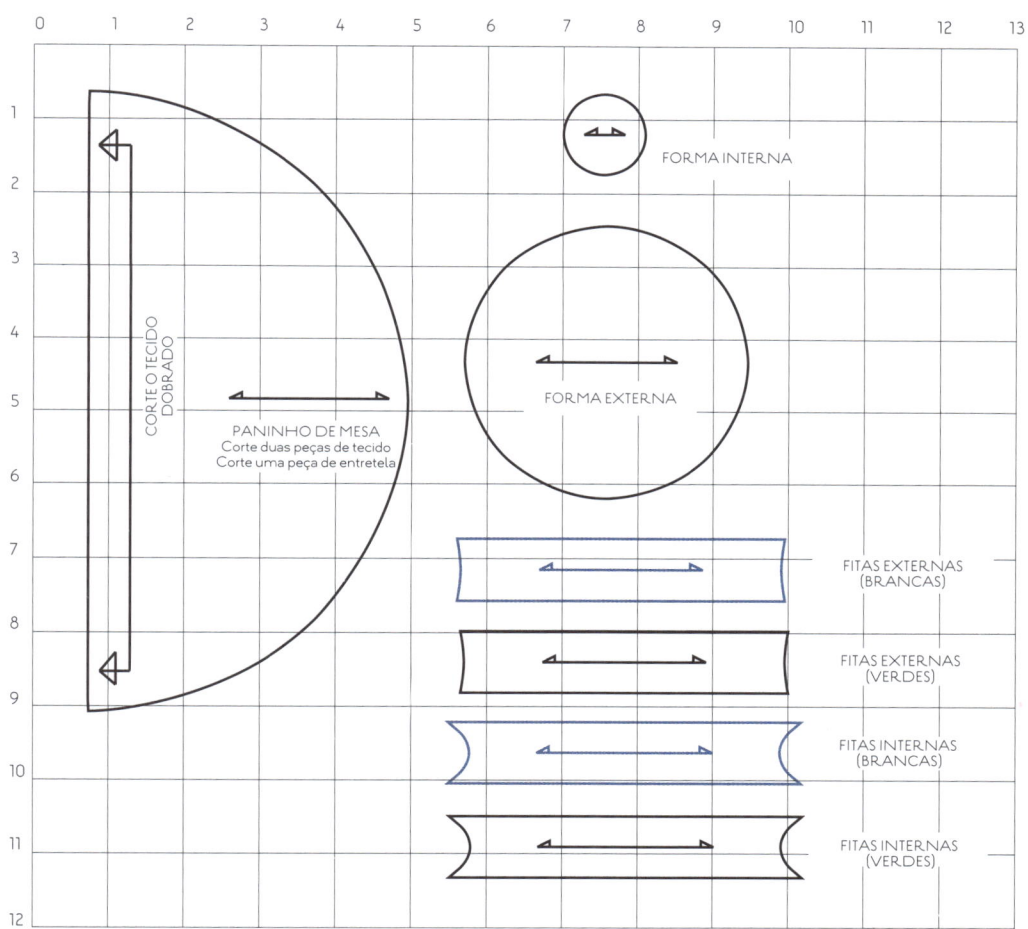

CORTE O TECIDO DOBRADO

PANINHO DE MESA
Corte duas peças de tecido
Corte uma peça de entretela

FORMA INTERNA

FORMA EXTERNA

FITAS EXTERNAS (BRANCAS)

FITAS EXTERNAS (VERDES)

FITAS INTERNAS (BRANCAS)

FITAS INTERNAS (VERDES)

NOTAS DO MOLDE

Paninho de mesa
Corte duas peças de tecido, uma para o jogo paninho e outra para o forro. Utilize o molde para também cortar uma peça de entretela.

Formas
Recorte a forma interna e a forma externa em papelão. Utilize-as para ajudar a colocar as fitas.

FOLGAS DAS COSTURAS

As seguintes folgas das costuras estão incluídas:
Paninho de mesa: 1 cm
Fitas: 1 cm

MOLDES 95

Agradecimentos

Meus agradecimentos à gentil Karine Dupouy, que veio fazer um estágio de um mês e acabou ficando seis meses, virou meu braço direito e uma boa amiga. Sem o comprometimento dela, além da sua paixão e do seu entusiasmo com o projeto, eu não o teria terminado a tempo, e foi muito divertido trabalharmos juntas.

Para Katherine Pogson, por todas as perguntas que ela respondeu e por sua calma diante das minhas entradas e saídas do seu ateliê a toda hora – desculpe por isso e muito obrigada. Também para Fiona Corbridge, Kristin Perers e Alex Lewis.

Para a minha queridíssima irmã Isabel Diegues, que nunca deixou de acreditar em mim, desculpe pelas malcriações feitas ao longo dos nossos vinte anos de amizade e pelo seu amor incondicional, e à editora Cobogó por estar acreditando neste projeto.

Para toda a família Santana, vocês são os amores da minha vida.

CIP-BRASIL. Catalogação na Fonte
Sindicato Nacional dos Editores de Livros, RJ

S223u   Santana, Lena, 1969–
Um pedaço de tecido : 15 projetos para você mesmo fazer / Lena Santana ; tradução Rodrigo Sardenberg. – Rio de Janeiro : Cobogó ; Londres, Inglaterra : Collins & Brown, 2010.
96p. : il.

Tradução de: One piece of fabric
Apêndice
ISBN 978-85-60965-08-3

1. Costura. 2. Roupas – Confecção. 3. Faça você mesmo. 4. Moda. I. Título.

10-1693. CDD: 646.4
CDU: 646.21